WHAT DID I SEE?
Natural Treasures of the Mexican Caribbean

I would like to thank **Laura Gómez** and **my mother, Ferrel Eddins,** for their proofreading; **Olivia Ramirez** and my sister-in-law, **Adriana Zepeda** for their designs; **Lucy Gallagher** for suggesting the project; **Gina Glowen** for asking questions that open doors; to veterinarians **Ivan Caballero** & **Ivan Aguilar** for helping me identify species; and **Rocio Cue**, for her unconditional love and support.

Obviously I'm also grateful for my associates and volunteers at **Mexiconservación**, particularly those who contributed photographs to the project: **Greg Brown, Tania de la Vega, Lilian Tinoco, Heidi Hermsmeyer, Deborah Dexter, Jorge González, Guillermo González & Rafael González.**

Finally I wish to thank **my family**, for their constant support, and to whom I dedicate this book. .

-David A. Nuñez-

INTRODUCCIÓN

Bienvenidos al hermoso Caribe Mexicano, y gracias por su interés en todo lo que ofrece esta región. Este libro es una introducción informal a la riqueza, diversidad y belleza natural de la zona. Evitamos descripciones técnicas e intentamos utilizar un lenguaje sencillo y accesible a todos. En vez de listar cientos de especies, nos hemos enfocado en aquellas que hasta el visitante más casual es capaz de identificar. En casos donde la identificación de especies particulares se dificulta, hacemos énfasis en familias (los nombres en mayúsculas son de grupos y no de especies). Al final ofrecemos referencias virtuales para aquellos interesados en más detalles.

Las especies aquí descritas son apenas una pequeñísima fracción de las que habitan en la región. Sin embargo, confiamos que nuestra selección es tanto representativa como informativa. Si hemos omitido algunas de las especies más espectaculares, como son el jaguar ó el tapir, es porque los encuentros con éstos animales en la naturaleza son altamente improbables. Es más frecuente ver estos animales en cautiverio, donde información al respecto abunda. Aún así, si usted piensa que hemos ignorado a alguno de sus favoritos, o tiene cualquier otra sugerencia, no dude en compartírnosla para así poder mejorar ediciones futuras.

Este libro es a beneficio de labores de conservación ambiental. Mexiconservación, A.C. es una organización ecologista sin fin de lucro, fundada en el 2006 y con sede en Tulum. Nuestra meta es preservar la belleza de la región- y de todo México- para que generaciones futuras continúen gozando de las mismas maravillas naturales que nosotros conocemos y amamos.

El propósito de este tomo es simplemente el de compartir nuestra pasión por algunas de las criaturas más sobresalientes que hacen de este rincón del mundo un lugar tan especial; y al mismo tiempo recaudar fondos para labores de conservación local. Por favor absténganse de tocar, molestar o alimentar a la fauna silvestre. Confiamos que apreciarán mucho más a los animales si se les deja en paz, observándolos desde una distancia respetuosa.

Les agradecemos su apoyo y esperamos que disfruten conocer estos tesoros tanto como nosotros disfrutamos compartirlos con ustedes.

INTRODUCTION

Welcome to the beautiful Mexican Caribbean- and thank you for taking a deeper look at all that this region has to offer. This book is intended as an informal introduction to the wealth of natural beauty and diversity of the region. We've avoided technical descriptions and tried to use language that is easy to understand and accessible to all. Instead of listing hundreds of species, we've tried to focus on those that even the most casual visitor is likely to see and be able to identify. In some cases where species may be difficult to differentiate, emphasis is made on families instead (names in all-caps are for groups, not species). At the end we offer various online references for those interested in further details.

The species here described are but a tiny fraction of those found across the region. Nonetheless we hope our selection is both informative and representative of local wildlife. If we have left out some of the more spectacular species, such as the jaguar and tapir, it is because encounters in the wild are extremely rare. One is more likely to see these animals in captivity, where information about them is abundant. Still, if we have left out any of your favorites, or you have any suggestions at all, please let us know about it so that we can improve on follow-up editions.

Proceeds from this book benefit local conservation efforts. Mexiconservación is a non-profit environmental organization founded in 2006 and based in Tulum. Our goal is to preserve the beauty of the region- and of all Mexico- so that future generations may continue to marvel at the same wonders we have enjoyed and come to love.

The purpose of this book is quite simply to share our passion for some of the more outstanding creatures that make this corner of the world so special- and in doing so raise funds to support local conservation efforts. Please refrain from touching, harassing or feeding any wildlife. We think you'll find there is much more to enjoy when we limit ourselves to observing animals from a respectful distance and simply let them be.

We hope you will enjoy learning about these treasures as much as we enjoy sharing them with you, and we thank you for your support.

GUÍA RÁPIDA: CORALES

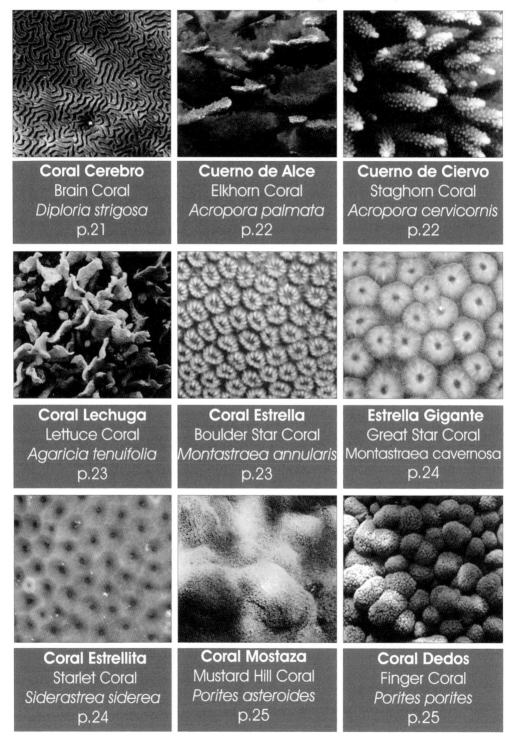

Coral Cerebro Brain Coral *Diploria strigosa* p.21	**Cuerno de Alce** Elkhorn Coral *Acropora palmata* p.22	**Cuerno de Ciervo** Staghorn Coral *Acropora cervicornis* p.22
Coral Lechuga Lettuce Coral *Agaricia tenuifolia* p.23	**Coral Estrella** Boulder Star Coral *Montastraea annularis* p.23	**Estrella Gigante** Great Star Coral Montastraea cavernosa p.24
Coral Estrellita Starlet Coral *Siderastrea siderea* p.24	**Coral Mostaza** Mustard Hill Coral *Porites asteroides* p.25	**Coral Dedos** Finger Coral *Porites porites* p.25

QUICK GUIDE: CORALS

GUÍA RÁPIDA: CORALES

Coral de Fuego Fire Coral *Millepora complanata* p.26	**Fuego Ramificado** Branched Fire Coral *Millepora alcicornis* p.26	**Coral Cactus** Cactus Coral *Isophyllia sinuosa* p.26
PLUMAS SEA PLUMES p.27	**ABANICOS** SEA FANS p.28	**CANDELABROS** SEA RODS p.28
Blanqueamiento Bleaching p.29	**Mal de Franja Negra** Black Band Disease p.30	**Mal de Manchas** Blotching Disease p.30

QUICK GUIDE: CORALS

GUÍA RÁPIDA: PECES

Angel Francés
French Angelfish
Pomacanthus paru
p.34

Angel Reina
Queen Angelfish
Holacanthus ciliaris
p.34

Angel Gris
Gray Angelfish
Pomacanthus arcuatus
p.35

Chabelita Tricolor
Rock Beauty
Holocanthus tricolor
p.35

Trompeta
Trumpetfish
Aulostomus maculatus
p.36

Mariposa Rayada
Banded Butterfly
Chaetodon striatus
p.38

Mariposa Aleta Manchada
Spotfin Butterfly
Chaetodon ocellatus
p.38

Mariposa Cuatro Ojos
Foureye Butterfly
Chaetodon capistratus
p.38

DAMISELAS
DAMSELFISHES
POMACENTRIDAE
p.39-41

QUICK GUIDE: FISHES

GUÍA RÁPIDA: PECES

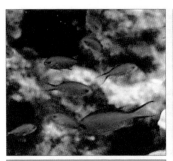

Cromis Azul
Blue Chromis
Chromis cyanea
p.42

Sargento
Sergeant Major
Abudefduf saxatilis
p.44

MEROS
GROUPERS
SERRANIDAE
p.45-46

Ronco Condenado
French Grunt
Haemulon flavolineatum
p.48

Ronco Boquichica
Smallmouth Grunt
Haemulon chrysargyreum
p.49

Ronco Catire
Bluestripe Grunt
Haemulon sciurus
p.49

Burro Payaso
Porkfish
Anisotremus virginicus
p.50

Ronco Plateado
Sailor's Choice
Haemulon parra
p.50

Loro Guacamayo
Rainbow Parrotfish
Scarus guacamaia
p.52

QUICK GUIDE: FISHES

GUÍA RÁPIDA: PECES

Loro Azul
Blue Parrotfish
Scarus coeruleus
p.52

Loro Viejo
Stoplight Parrotfish
Sparisoma viride
p.54

Loro Viejo (Hembra)
Stoplight Parrotfish (F)
Sparisoma viride
p.54

PECES CIRUJANOS
SURGEONFISHES
ACANTHURIDAE
p.55-56

Agujeta
Ballyhoo
Hemiramphus brasiliensis
p.57

Agujón Cocodrilo
Houndfish
Tylosurus crocodilus
p.58

Picuda
Great Barracuda
Sphyraena barracuda
p.60

Chopa Blanca
Bermuda Chub
Kyphosus sectator
p.62

Lija Rayada
Scrawled Filefish
Aluterus scriptus
p.63

QUICK GUIDE: FISHES

GUÍA RÁPIDA: PECES

Sapo Magnífico
Splendid Toadfish
Sanopus splendidus
p.64

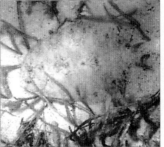

Lenguado Lunado
Peacock Flounder
Bothus lunatus
p.66

Boquinete
Hogfish
Lachnolaimus maximus
p.67

Vieja Española
Spanish Hogfish
Bodianus rufus
p.68

Carbonera
Bar Jack
Carangoides ruber
p.69

Chícharo Ojón
Big Eye Scad
Selar crumenophthalmus
p.70

Pámpano Palometa
Permit
Trachinotus falcatus
p.71

PECES COFRE
BOXFISHES
OSTRACIDAE
p.72

Cubera
Cubera Snapper
Lutjanus cyanopterus
p.73

QUICK GUIDE: FISHES

GUÍA RÁPIDA: PECES

Pargo Canchix
Schoolmaster
Lutjanus apodus
p.74

Rabirrubia
Yellowtail Snapper
Ocyurus chrysurus
p.75

Chivo Amarillo
Yellow Goatfish
Mulloidichthys martinicus
p. 75

Mojarra Blanca
Yellow Fin Mojarra
Gerres cinereus
p.76

LISAS
MULLETS
MUGILIDAE
p.77

CANDILES
SQUIRRELFISHES
HOLOCENTRIDAE
p.78

Morena Verde
Green Moray Eel
Gymnothorax funebris
p.80

Raya Látigo
Southern Stingray
Dasyatis Americana
p.83

Raya Coluda
Caribbean Whiptail
Himantura schmardae
p.84

QUICK GUIDE: FISHES

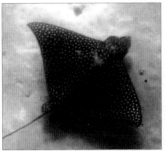

Chucho Pintado
Spotted Eagle Ray
Aetobatus narinari
p.85

Raya Redonda
Yellow Stingray
Urobatis jamaicensis
p.87

Raya Eléctrica Menor
Lesser Electric Ray
Narcine bancroftii
p.88

Tiburón Coralino
Caribbean Reef Shark
Carcharhinus perezi
p.91

Tiburón Gata
Nurse Shark
Ginglymostoma cirratum
p.92

Tiburón Ballena
Whaleshark
Rhincodon typus
p.93

Calamar Caribeño
Caribbean Reef Squid
Sepioteuthis sepioidea
p.95

Caracol Leopardo
Flamingo Tongue
Cyphoma gibbosum
p.97

Arbol Navideño
Christmas Tree Worm
Spirobranchus giganteus
p.99

QUICK GUIDE: FISHES/INVERTEBRATES

GUÍA RÁPIDA: INVERTEBRADOS/TORTUGAS

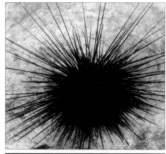

Caracol Rosado
Queen Conch
Strombus gigas
p.101

PEPINO DE MAR
SEA CUCUMBER
HOLOTHUROIDEA
p.102

Erizo Diadema
Diadema Sea Urchin
Diadema antillarum
p.103

LANGOSTAS
SPINY LOBSTERS
PALINURIDAE
p.105

Anemona Caribeña
Giant Anemone
Condylactis gigantea
p.107

ESPONJAS
SPONGES
p.110

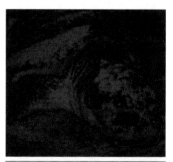

Tortuga Blanca
Green Sea Turtle
Chelonia mydas
p.117

Tortuga Carey
Hawksbill Sea Turtle
Eretmochelys imbricata
p.119

Tortuga Caguama
Loggerhead Sea Turtle
Caretta caretta
p.121

QUICK GUIDE: INVERTEBRATES/TURTLES

GUÍA RÁPIDA: REPTILES

CUIJAS
GECKOS
GEKKONIDAE
p.124

Iguana Verde
Green Iguana
Iguana iguana
p.127

Iguana Negra
Black Iguana
Ctenosaura similis
p.128

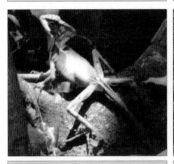

TOLOQUES
BASILISKS

p.129

Cocodrilo Moreleti
Mexican Crocodile
Crocodylus moreletii
p.131

Cocodrilo Americano
American Crocodile
Crocodylus americanus
p.133

Tortuga Mojina
Furrowed Wood Turtle
Rhynoclemmys areolata
p.135

Coralillo
Coral Snake
Micrurus diastema
p.136

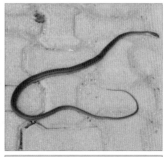

Culebra de Yucatan
Yucatan White Lip
Symphimus mayae
p.136

QUICK GUIDE: REPTILES

GUÍA RÁPIDA: MAMIFEROS/AVES

MAPACHES
RACOONS
PROCYONIDAE
p.139

COATIS
COATIS
NASUA
p.141

VENADOS
DEER
CERVIDAE
p.144

Mono Araña
Spider Monkey
Ateles geoffroyi yucatanensis
p.145

Mono Aullador
Howler Monkey
Alouatta pigra
p.147

Tzereque
Agouti
Dasyprocta punctata
p.149

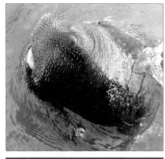

Manatí del Caribe
West Indian Manatee
Trichechus manatus
p.151

DELFINES
DOLPHINS
DELPHINIDAE
p.151

Garza Nívea
Snowy Egret
Egretta thula
p.154

QUICK GUIDE: MAMMALS/BIRDS

GUÍA RÁPIDA: AVES

Ibis Blanco
American White Ibis
Eudocimus albus
p.155

Cigüeña Americana
Wood Stork
Mycteria americana
p.156

Garzón Azulado
Great Blue Heron
Ardea herodias
p.157

Garza Tigre
Tiger Heron
Tigrisoma mexicanum
p.158

Garza Cucharona
Boat-billed Heron
Cochlearius cochlearius
p.159

Garza Verde
Green Heron
Butorides virescens
p.161

Garza Tricolor
Tricolored Heron
Egretta tricolor
p.162

Martinete Cabecipinto
Yellow-crowned Night Heron
Nyctanassa violacea
p.163

Anhinga
Anhinga
Anhinga anhinga
p.164

QUICK GUIDE: BIRDS

GUÍA RÁPIDA: AVES

Espátula Rosada
Roseate Spoonbill
Ajaia ajaja
p.166

Fragata Magnífica
Magnificent Frigatebird
Fregata magnificens
p.168

CORMORANES
CORMORANTS
PHALACROCORACIDAE
p.169

Pelícano Pardo
Brown Pelican
Pelecanus occidentalis
p.171

Pelícano Blanco
White Pelican
Pelecanus erythrorhynchos
p.173

Golondrina Marina
Royal Tern
Thalasseus maximus
p.174

Águila Pescadora
Osprey
Pandion haliaetus
p.175

Flamenco
Flamingo
Phoenicopterus ruber
p.177

Tucán Pico Arcoiris
Keel Billed Toucan
Ramphastos sulfuratus
p.179

QUICK GUIDE: BIRDS

GUÍA RÁPIDA: AVES

Guajolote Ocelado
Ocellated Turkey
Meleagris ocellata
p.180

Chara Yucateca
Yucatan Jay
Cyanocorax yucatanicus
p.181

MOMOTOS
MOTMOTS
MOMOTIDAE
p.182

Chachalaca Común
Plain Chachalaca
Ortalis vetula
p.183

Candelero Americano
Black Necked Stilt
Himantopus mexicanus
p.184

PHOTOGRAPHERS:
David Nuñez
Lilian Tinoco
Tania de la Vega
Deborah Dexter
Heidi Hermsmeyer
Guillermo González
Rafael González
Lucy Gallagher
Jorge González
Greg Brown

AYUDE A PROTEGER LA FAUNA SILVESTRE / HELP PROTECT WILDLIFE

No adquiera fauna éxotica, ni productos hechos a base de fauna nativa.
/ Do not purchase wildlife, nor products made from wildlife.

No persiga, moleste, toque o alimente a la fauna nativa - obsérvela desde una distancia respetuosa. / Do not chase, harass, touch or feed wildlife- observe it from a respectful distance.

Use repelente y bloqueador biodegradables. / Use biodegradable repellent and sunblock.

Ponga la basura en su lugar. / Do not litter.

QUICK GUIDE: BIRDS

CORALES

Por si las playas de suave arena blanca no nos bastaran, justo debajo de la superficie de las cristalinas aguas turquesas del Caribe Mexicano se encuentra una de las obras maestras de la naturaleza: el sistema arrecifal más grande del hemisferio occidental, que va desde Cancún en su extremo norte, baja por las costas de Belice y Guatemala, y llega hasta las Islas de la Bahía de Honduras, en el sur.

Solo las selvas tropicales tienen más riqueza y variedad biológica que los arrecifes coralinos, a pesar de que éstos últimos cubren solo el 1% de la superficie del planeta. Además, al nadar sobre el arrecife seguramente verá cientos- quizá miles- de animales, cosa que no sucede al pasear por la selva.

A lo largo de éstos 1,100 km del Sistema Arrecifal Mesoamericano, encontrará docenas de especies de coral (por lo menos 65 tipos), más de 500 distintos peces, y multitud de otras especies. No existe manera más sencilla de ver tanta fauna silvestre como ver el arrecife a través de una máscara de buceo.

Los corales no solo están vivos, sino que son animales. Los pólipos coralinos son pequeñas criaturas parientes de las medusas y anémonas. Cada pólipo vive sobre un esqueleto de carbonato de calcio que construye a un ritmo promedio de 6 cm al año. Es este esqueleto lo que da forma y solidez al arrecife. El coral es entonces en realidad un esqueleto duro como piedra, cubierto de una delgada piel viva de pequeños y frágiles animales. Esta delicada cubierta viva es la parte más vulnerable del coral, por lo que es muy importante evitar tocarla.

David Nuñez

Deborah Dexter

CORALS

As if the soft white sand beaches weren't enough, just below the surface of the sparkling turquoise waters of the Mexican Caribbean is one of natures true masterpieces: the largest coral reef system in the Western Hemisphere, stretching from Cancun in the north, down through the coasts of Belize & Guatemala, and reaching the Bay Islands of Honduras at its southern end.

Though they cover only 1% of the Earth's surface, coral reefs are second only to rainforests in the wealth and diversity of life they support. And unlike walking through the jungle, when swimming over a reef you are guaranteed to see hundreds- even thousands- of animals.

Along these 1,100 km of the Mesoamerican Barrier Reef, you'll find dozens of species of coral (at least 65 types), over 500 different fishes, and a multitude of other species. There is simply no easier way to see more wildlife than to peer onto a reef through a diving mask.

Not only are corals alive, but they are animals. Coral polyps are tiny creatures related to jellyfish and anemones. Each polyp lives on a calcium carbonate skeleton which it builds at an average rate of 6 cm per year. It is this skeleton that forms the solid part of the reef. So actually a piece of coral is a rock-hard skeleton covered by a thin living skin of tiny, fragile animals. This delicate living layer is the most vulnerable part of coral, so it is important to avoid touching it.

CORALES DUROS

HARD CORALS

Los corales que construyen el arrecife son conocidos como corales duros. Hay decenas de distintos tipos, pero los más obvios pueden identificarse fácilmente por sus nombres comunes: *Cerebro, Cuerno de Alce, Lechuga* y *Fuego*. Un poco menos obvios son los *Estrella, Mostaza* y *Cactus*.

The reef building corals are also known as stony or hard corals. There are dozens of different types, but you can spot some of the more obvious ones by their common names: *Brain, Elkhorn, Lettuce* and *Fire*. Somewhat less obvious are the *Star, Mustard Hill* and *Cactus* corals.

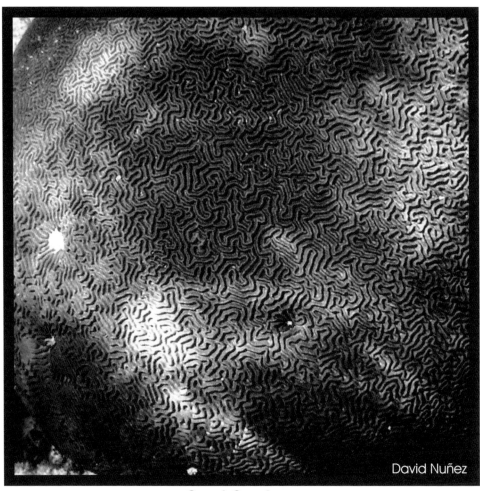

David Nuñez

Coral Cerebro
Brain Coral
Diploria strigosa

David Nuñez

Coral Cuerno de Alce
Elkhorn Coral
Acropora palmata

En Peligro Crítico de Extinción
Critically Endangered

David Nuñez

Coral Cuerno de Ciervo
Staghorn Coral
Acropora cervicornis

En Peligro Crítico de Extinción
Critically Endangered

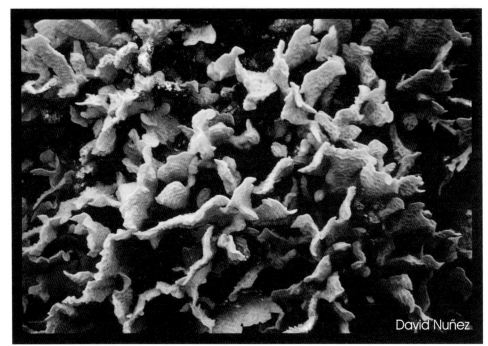

David Nuñez

Coral Lechuga
Thin Leaf Lettuce Coral
Agaricia tenuifolia

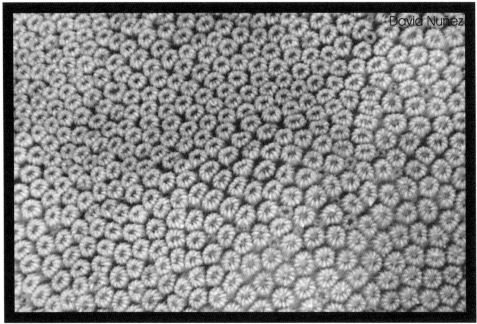

David Nuñez

Coral Estrella   **En Peligro de Extinción**
Boulder Star Coral   Endangered
Montastraea annularis

Heidi Hermsmeyer

Coral Estrella Gigante
Great Star Coral
Montastraea cavernosa

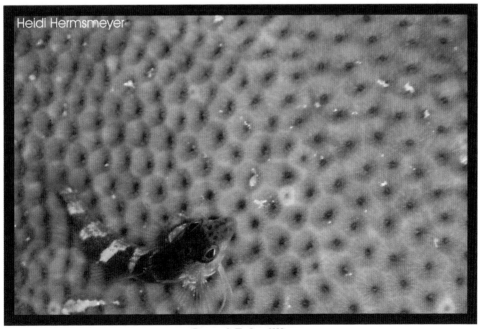
Heidi Hermsmeyer

Coral Estrellita
Massive Starlet Coral
Siderastrea siderea

David Nuñez

Coral Mostaza
Mustard Hill Coral
Porites asteroides

David Nuñez

Coral Dedos
Finger Coral
Porites porites

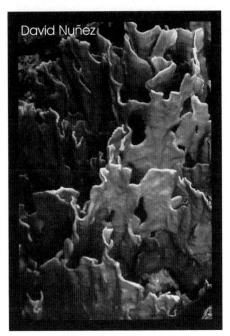

Coral de Fuego
Fire Coral
Millepora complanata

Coral de Fuego Ramificado
Branching Fire Coral
Millepora alcicornis

Coral Cactus
Cactus Coral
Isophyllia sinuosa

CORALES BLANDOS

SOFT CORALS

Incluso a los científicos se les dificulta diferenciar las especies de corales blandos, también llamados *gorgonias* o *gorgonaceas*. Estos corales blandos no construyen el arrecife, más bien forman ramas flexibles que se mecen con las olas. Estos son los *abanicos*, *candelabros* y *plumas*.

Even reef scientists have trouble differentiating species of soft corals, which are also called *gorgonians*. The soft corals are not reef builders, but rather form soft branches that sway with the waves. These are the *sea fans*, *sea rods*, and *sea plumes*.

David Nuñez

Coral Pluma
Sea Plume

Abanico
Sea Fan

Candelabros
Sea Rods

CORALES:
Enfermedades

Como cualquier otro animal, los corales pueden enfermarse. Y al igual que las especies, las enfermedades llevan nombres descriptivos: *blanqueamiento*, *franja negra* y *manchas*. Hasta hace poco desconocíamos estas enfermedades, y se piensa que la contaminación y el cambio climático, son los motivos por el cual son cada vez más comunes.

CORALS:
Diseases

Corals, like all animals, can get sick. As with coral names, the names of these illnesses are self-descriptive, so we have *bleaching*, *black band*, and *blotching*. Many of these diseases were unknown until recently, and it is believed that pollution and climate change are making them more common.

David Nuñez

Blanqueamiento en Coral Estrella
Bleaching on Star Coral

David Nuñez

Franja Negra en Coral Estrella
Black Band on Star Coral

David Nuñez

Manchas en Coral Estrella
Blotching on Star Coral

PECES

Se conocen más de 28,000 especies de peces, y se calcula que faltan varios miles aún por descubrir o confirmar. El Caribe Mexicano es hogar de aproximadamente 500 especies, que incluyen a los tiburones y las rayas.

En términos evolutivos, los peces dieron lugar a todos los demás **vertebrados**. Aunque la mayoría tienen cerebros pequeñísimos de 1/15 del tamaño de los de mamíferos, hay algunas excepciones, particularmente entre los tiburones, que pueden tener cerebros de tamaño comparable a los de algunos mamíferos.

Porque hay tantos, y por la dificultad de estudiarlos, se sabe muy poco de muchas especies. Por ejemplo, desconocemos cuanto viven muchos de los peces que vemos comúnmente. Con muchas especies desconocemos siquiera si su población es estable o se encuentra amenazada. Lo poco que si sabemos proviene principalmente de los datos obtenidos por **pesquerías** comerciales, y por tanto tiene que ver con peces de importancia alimentaria.

Actualmente a más de 1,100 especies de peces se les considera en peligro de extinción. Las principales amenazas son la contaminación, la pérdida de hábitat, la introducción de especies exóticas y por supuesto, los métodos destructivos de pesca y la sobrepesca.

Aunque los eco-parques de la región quizá sean la forma más facil y segura de ver numerosos peces, particularmente de talla grande, nosotros recomendamos contratar un tour de esnorquel con alguna de las cooperativas turisticas, particularmente en Puerto Morelos, Isla Mujeres, Cozumel o la Reserva de Sian Ka'an.

David Nuñez

David Nuñez

FISH

Over 28,000 species of fish have been identified, and it is estimated that several thousand more are yet to be confirmed.   The Mexican Caribbean is home to approximately 500 species, including sharks & rays.

In evolutionary terms, fishes gave rise to all other **vertebrates**. Though most have tiny brains 1/15 the size of those of mammals, a few exceptions occur, particularly among sharks, which can have comparably sized brains.

Because there are so many, and because they are so much harder to study than land animals, not much is known about many species.   For example, the lifespan of many commonly seen fish is still not known. And with many others we do not even know if their populations are stable or whether they may be endangered. What little we do know comes mostly from commercial **fishery** data, and deals predominantly with important food fish.

Currently over 1,100 fish species are considered to be threatened with extinction.   The major threats are pollution, habitat loss, the introduction of exotic species in non-native habitats, and of course destructive fishing methods and overfishing.

Although the region´s eco-parks perhaps offer the easiest and safest way to view multitudes of fish, particularly larger ones, we recommend a snorkeling tour with one of the tourism cooperatives out of Puerto Morelos, Isla Mujeres, Cozumel or the Sian Ka'an Reserve.

PECES: ÁNGELES

La familia de los peces Ángeles incluye a más de 70 especies a nivel mundial, 5 de ellas en el Caribe. Son peces esbeltos, con un cuerpo aplanado desde los lados, y con largas extensiones de sus aletas superior e inferior, que llegan hasta la cola. Los peces Ángel pueden ser muy coloridos y gráciles, por lo que son de los favoritos de muchos buzos.

De jóvenes se alimentan principalmente de algas y **plancton**, y a aquellos menores de 5 cm frecuentemente se les ve limpiando a otros peces (roncos, pargos, cirujanos e incluso morenas) de parásitos. Los adultos se alimentan de esponjas, corales y algas. La coloración de los jóvenes puede ser muy distinta a la de los adultos. Son diurnos, y buscan cobijo durante la noche.

Alcanzan la madurez alrededor de los tres años y medio, pueden llegar a vivir hasta tres veces eso, y forman parejas que, se piensa, son de por vida. Su apareamiento se lleva a cabo en la superficie, por la madrugada.

FISHES: ANGELFISH

The angelfish family includes over 70 species worldwide, and 5 in the Caribbean. They are very slender fish with a disc-like body, as if flattened from the sides, with long extensions of the upper and lower fins that reach as far back as the tail. Angelfish can be very colorful and graceful, and are a popular favorite of snorkelers and divers.

Young Angelfish feed primarily on algae and **plankton**, and those under 5 cm in length are often seen cleaning other fish (jacks, grunts, snapper, surgeons and even morays) of parasites. Adults feed mostly on sponges, corals & algae. The coloration and patterns of juveniles look very different from that of adults. Angelfish are active during the day and seek cover at night.

They reach maturity at about three and a half years, can live up to three times as long, and form mating pairs that are thought to be lifelong. Spawning takes place at the surface, often in the early morning.

Greg Brown

Angel Francés
French Angelfish
Pomacanthus paru

Heidi Hermsmeyer

Angel Reina
Queen Angelfish
Holacanthus ciliarus

Greg Brown

Angel Gris
Gray Angelfish
Pomacanthus arcuatus

Greg Brown

Chabelita Tricolor
Rock Beauty
Holocanthus tricolor

PECES:
Trompeta

Existen tan solo tres miembros de la familia de los Peces Trompeta, y los otros dos habitan en el Pacífico Asiático y en el Atlántico Africano.

Son peces alargados, a los que se les ve nadando en forma perpendicular al suelo, con la cabeza hacia abajo, escondíendose entre candelabros y otros corales blandos. Se alimentan de peces pequeños.

Habitan aguas de menos de 30 metros de profundidad, y llegan a medir 80 cm de longitud.

FISHES:
Trumpetfish

There are only three members of the Trumpetfish Family, and the other two are native to the Asian Pacific and the African Atlantic.

These elongated fish are often seen swimming head down, perpendicular to the sea floor, attempting to blend into a background of soft corals, such as sea rods. They feed on small fish.

They inhabit waters less than 30 meters in depth, and can reach lengths of up to 80 cm.

David Nuñez

Pez Trompeta
Trumpetfish
Aulostomus maculatus

PECES: MARIPOSAS

La familia Mariposa incluye a más de 100 peces alrededor del mundo, seis de éstas en el Caribe. Estas coloridas criaturas son parientes de los peces Ángel y comparten el mismo cuerpo aplanado desde los lados. Una diferencia clave es la forma de las aletas superior e inferior: los Peces Mariposas las tienen redondeadas, mientras que la mayoría de los Ángeles tienen largas extensiones filamentosas. Los Peces Mariposas tienen una franja obscura que les atraviesa la cara de arriba hacia abajo, como una máscara que cubre los ojos.

Normalmente se les encuentra sobre arrecifes, pastos marinos y en lagunas, en parejas que forman de por vida. Al igual que con los Ángeles, a los jóvenes se les ve limpiando a otros peces de parásitos.

Porque se alimentan de algas que de lo contrario cubrirían y sofocarían a los corales,se les considera un "**bioindicador**" y su presencia es un reflejo de la salud general del arrecife.

FISHES: BUTTERFLIES

This family includes over 100 different species worldwide, six of these in the Caribbean. These colorful creatures are closely related to Angelfish and share the same disc-like shape, flattened from the sides. If uncertain, check the shape of the top and bottom fins: they are rounded in Butterflyfish and have long filamentous extensions in Angelfish. Most Butterflyfish also have a dark band that crosses the face from top to bottom, masking their eyes.

They are usually found over reefs, seagrass beds and in shallow lagoons in pairs that may mate for life. As with Angelfish, juveniles are often seen cleaning other fish of parasites.

Because they graze on algae that could otherwise smother corals, they are considered "**indicator species**" and their presence reflects on the general health of the reef.

**Mariposa
Rayada**
Banded Butterfly
*Chaetodon
striatus*

David Nuñez

David Nuñez

**Mariposa de
Aleta Manchada**
Spotfin Butterfly
*Chaetodon
ocellatus*

David Nuñez

**Mariposa
Cuatro Ojos**
Four-eye Butterfly
*Chaetodon
capistratus*

PECES: DAMISELAS...

Quizá un mejor nombre para esta familia hubiera sido *Guerreros*, ya que son extremadamente agresivos y no vacilan en confrontar peces mucho mayores. Sumamente territoriales, es común verles ahuyentar a intrusos varias veces su tamaño. También es posible que en su temerario asalto naden directamente a las fauces del intruso que simplemente abre la boca en el último instante. Afortunadamente sus mordidas son inofensivas para nosotros, y se sienten mas bien como cosquillas. Sin embargo, estos pequeños peces se vuelven intolerantes de los buzos en su territorio en poco rato, e intentaran mordisquearlos o golpear sus mascaras para hacerles saber que no son bienvenidos.

Esta familia incluye más de 300 especies que habitan en arrecifes coralinos alrededor del mundo. En el Caribe hay por lo menos 10 especies, aunque puede ser difícil distinguir algunas de otras.

(Continúa.)

FISHES: DAMSELFISH...

Perhaps a better name for this family would have been *Warriorfish*, as they are extremely aggressive and do not hesitate in confronting much larger fish. Highly territorial, they often chase away intruders several times their own size. Or they may just as easily rush headlong into the mouth of a predator that stands its ground and opens its jaws at the last second. Luckily their bite is harmless to humans and feels more like a tickle. However, these small fish will not tolerate the presence of snorkelers or divers near their territory for long, and will attempt to nibble on you or slam into your face mask if they feel you've overstayed your welcome.

The Damselfish family includes over 300 species that inhabit coral reefs around the world. The Caribbean has at least 10 species, though telling them apart can be difficult.

(Continued.)

Damisela de Cola Amarilla
Yellowtail Damselfish
Microspathodon chrysurus

Damisela Bicolor
Bicolor Damselfish
Stegastes partitus

...PECES: DAMISELAS

Aunque pueden comer **invertebrados**, son mayoritariamente herbívoros y cuidan de sus "hortalizas de algas" de manera compulsiva, retirando inmediatamente cualquier basura.

Siendo obsesivos además de agresivos, tienden a ser solitarios. Dos importantes excepciones son los Sargentos y los Cromis Azules, que forman **cardúmenes** y son de fácil identificación, por lo que les hemos dedicado su propio apartado a continuación.

Los machos construyen el nido (a veces dentro de su territorio permanente, en ocasiones en un sitio nuevo) y pueden cambiar de color para atraer a las hembras. También intentan seducirlas con un "baile" de movimientos rápidos. Se aparean durante todo el año, normalmente por la madrugada. Dependiendo de la especie pueden depositar entre 200 y 2,000 huevos en el nido, los cuales cuida el macho.

Los jóvenes frecuentemente son de colores distintos a los adultos. La mayoría de las especies locales miden entre 8 y 15 cm. Pueden vivir hasta 12 años en libertad, y hasta 18 en cautiverio.

...FISHES: DAMSELFISH

Though they may eat **invertebrates**, they are mostly herbivores and may tend to their own "algae garden" in an almost compulsive fashion, instantly removing any debris that falls on their little patch.

Obsessive and aggressive, they tend to be loners. Two important exception are the Sergeant Majors and Blue Chromis, which form **schools** and are easier to identify, which is why we've given them their own sections.

Males build nests (sometimes in their permanent territory, sometimes in new digs) and may also change color to attract females. They may also attempt to seduce females by "dancing" with rapid jerky movements in front of females. They spawn year-round, near dawn. Clutch size varies between 200 and 2000 eggs depending on species. Males guard the nest till the eggs hatch.

Juveniles are often differently colored than adults. Most of the local species average between 8-15 cm in length. They can live up to 12 years in the wild, and up to 18 in captivity.

PECES:
Cromis Azul ó Castañeta Azul

Estas pequeñas criaturas de azul brillante son miembros de la familia de las Damiselas. A diferencia de sus primas, forman **cardúmenes** y nadan libremente en vez de ser territoriales. Se alimentan de zooplancton, miden unos 13 cm y viven hasta 5 años.

Deborah Dexter

Cromis Azul
Blue Chromis
Chromis cyanea

FISHES:
Blue Chromis

These small, bright blue creatures are actually members of the Damselfish family. Unlike most of their cousins they school and are free swimming instead of territorial. They feed on **zooplankton**, measure about 13 cm in length and have a lifespan of about 5 years.

PECES:
Sargento ó Petaca Rayada

Esta Damisela es fácilmente reconocida por sus 5 rayas verticales sobre su cuerpo blanco y amarillo. Sin embargo, puede oscurecer o palidecer de acuerdo a su entorno. A diferencia de la mayoria de las Damiselas solitarias, los Sargentos forman **cardúmenes** de cientos de individuos. Al igual que sus primas, pueden ser sumamente territoriales pero solo cuando cuidan de su nido, en el cual depositan huevos que tardan hasta 5 días en eclosionar.

Durante el apareamiento los machos se vuelven mas oscuros y "bailan" para atraer a las hembras. Al igual que con los demás Peces Damisela, son los machos quienes construyen el nido y protegen los huevos. Los Sargentos comen de todo: algas, **plancton**, **larvas** de invertebrados, pequeños camarones, cangrejos y otros peces. Pueden llegar a medir hasta 23 cm, aunque normalmente son más pequeños. A los jóvenes se les puede encontrar en charcos inundados por la marea o limpiando a Tortugas Blancas de parásitos.

FISHES:
Sergeant Major

A member of the Damselfish Family, this instantly recognizable fish has 5 vertical black bars on a white and yellow background, but can become lighter or darker to match its surroundings. Unlike most Damselfish which are solitary, Sergeant Majors form schools of several hundred individuals. Like their cousins, they can be extremely territorial but only when guarding their nest, in which eggs are laid that take about 5 days to hatch.

During mating season males become darker, and "dance around" to attract females. As with other Damselfish, it is the males that build and tend to the nest. Sergeant Majors feed on just about anything: algae, plankton, invertebrate **larvae** as well as small shrimp, crabs and fish. Though often smaller, Sergeant Majors can grow to about 23 cm in length. Look for juveniles in tide pools, or cleaning Green Sea Turtles of parasites.

David Nuñez

Sargento
Sergeant Major
Abudefduf saxatilis

PECES: MEROS...

La familia de los Meros incluye a más de 440 especies, generalmente caracterizados por sus cuerpos robustos, cabezas grandes y labios gruesos. Viven entre 18 y 30 años.

Varían en tamaño, pero las especies más grandes pueden llegar a medir 3 metros y pesar 400 kg. No persiguen a su presa, sino que esperan pacientemente en el fondo esperando a que otros peces o crustáceos naden lo suficientemente cerca para ser succionados por completo. No muerden a su presa, y normalmente no hay dientes visibles detrás de sus labios. Lo que si tienen son unas placas de hueso que forran la garganta y hacen de dientes, triturando a su presa. En las especies que tienen dientes claramente visibles, estos son mas que nada para evitar que la presa ya engullida escape de la boca.

Al igual que los Peces Loro, nacen hembras y son capaces de convertirse en machos con la edad. Los machos pueden tener un harén de varias hembras, y la mayor de estas se convierte en macho cuando el macho previo muere.

(Continúa ...)

Heidi Hermsmeyer

Mero Americano
Red Hind
Epinephelus guttatus

FISHES: GROUPER...

The Grouper family includes over 440 species usually characterized by stout bodies with large heads and fat lips. Their lifespans range between 18 and 30 years.

They vary in size, but the largest species can reach lengths of 3 meters and weigh up to 400 kg. They do not chase prey, but rather lay at the ocean bottom waiting for other fish and crustaceans to swim near enough to be sucked in whole. They do not bite their prey, and usually lack any clearly visible teeth behind the lips. Instead they have large bony plates along their throat which are used to crush their swallowed prey. In cases where teeth are clearly visible, these are usually for preventing escape of swallowed prey.

Like the Parrotfish, they are born female and may become male as they age. Males can have a harem of several females, the oldest of which becomes male when the previous male dies.

(Continued...)

David Nuñez

Cuna Bonaci
Black Grouper
Mycteroperca bonaci

...PECES: MEROS

Distinguir entre especies locales puede ser difícil. Entre los mas grandes tenemos a la Cuna Bonaci, la Cherna Criolla y la Itajara, que son de coloración oscura con líneas o manchas más claras. Las especies más pequeñas, como el Mero Americano, el Mero Cabrilla y la Cherna Cabrilla, tienen motitas rojas sobre un cuerpo más pálido. Los meros además pueden cambiar de color.

Han sido sobreexplotados, y ahora muchas especies de Mero se encuentran amenazadas. **Al Cuna Bonaci se le considera *Casi Amenazado*, a la Cherna Criolla está *en Peligro de Extinción* y la Itajara *en Peligro Crítico de Extinción*.** Por si las dudas, nosotros recomendamos abstenerse de comer cualquier mero.

La sobrepesca de Meros en el Caribe Mexicano es evidente en que rara vez se ven individuos realmente grandes. Quizá la mejor opción para ver un mero de tamaño impresionante es el las aguas protegidas del parque Xel-Ha.

...FISHES: GROUPER

The name "grouper" is believed to be derived from the Portuguese "garoupa", which in turn has its origins in the name South American natives gave the fish.

Trying to tell local species apart can be confusing. The larger species, such as the Black, Nassau and Goliath tend to be dark colored with paler highlights. Smaller species such as the Red Hind, Rock Hind and Graysby are all covered in tiny reddish spots over a lighter background. Groupers are also capable of changing color.

They have been overfished, and many species are now threatened. **The Black Grouper is *Near Threatened*, the Nassau is *Endangered* and the Goliath ais *Critically Endangered*.** To be on the safe side, we recommend you abstain from eating any grouper.

Overfishing of groupers in the Mexican Caribbean is evident in that larger specimens are very rarely seen. Perhaps your best option for spotting an impressively sized grouper is in the sheltered waters of the Xel-Ha park.

PECES: RONCOS

La familia de los Roncos consiste de más de 150 especies de agua salada, salobre y dulce, y debe su nombre al ruido que hacen con sus dientes. Por lo general permanecen inactivos durante el día, y se les puede ver en pequeños grupos casi inmóviles, ya sea en el arrecife, sobre pastos marinos o en los manglares. De noche cazan invertebrados (**crustáceos** y **moluscos**) y peces pequeños. Es una familia muy variada y las especies locales incluyen algunos de los peces más vistosos del arrecife, por sus rayas coloridas. Las particularidades del color, posición y ancho de las rayas son la clave para identificar a algunos de las especies más representativas.

David Nuñez

Roncos Condenados (note las rayas diagonales)
French Grunts (notice the diagonal stripes)
Haemulon flavolineatum

FISHES: GRUNTS

Named for the noise they can make by grinding their teeth, the Grunt Family includes 150 marine, brackish and freshwater species worldwide. Usually inactive during the day, they can be found idling in small schools among reefs, mangrove and seagrass beds. At night they hunt invertebrates (**crustaceans** & **mollusks**) and smaller fish. It is a varied family, and local specimens include some of the more colorful reef fish, most of which have distinctive colorful stripes. The precise colors, position, and width of stripes is the key to identifying a few of the more obvious members.

David Nuñez

Ronco Boquichica
Smallmouth Grunt
Haemulon chrysargyreum

David Nuñez

Ronco Catire
Bluestripe Grunt
Haemulon sciurus

Greg Brown

Burro Payaso
Porkfish
Anisotremus virginicus

David Nuñez

Ronco Plateado
Sailor's Choice
Haemulon parra

50

PECES: LOROS...

Existen más de 80 especies de pez loro en los arrecifes del mundo. Deben su nombre a su boca de dientes fusionados que asemeja un pico de loro. A nivel local tenemos más de una docena de especies, aunque mencionamos tan solo aquellas mas fáciles de identificar. Ya sea comiendo, reproduciéndose o durmiendo, los peces loros nos ofrecen algunas de las excentricidades más memorables del arrecife.

Son mayoritariamente herbívoros que se alimentan de algas que crecen sobre coral muerto, aunque algunas especies se alimentan del coral mismo. En ambos casos es posible escuchar el crujir de los peces loros mordiendo el coral mucho antes de verles. Tienen una segunda "boca" en la garganta con la que muelen el coral, que a su ves es excretado como arena. Debemos agradecerles, pues su sistema digestivo es responsable, por lo menos parcialmente, por las finas arenas blancas que tanto disfrutamos. Al forrajear pueden formar agrupaciones defensivas. Ya que se alimentan de algas que de lo contrario cubrirían al arrecife, los peces loro son muy importantes para la salud general del arrecife. (Continúa...)

FISHES: PARROTFISH...

There are over 80 species of parrotfish living in coral reefs around the world. Often fancifully colored, they get their name from their beak-like mouth, which is made up of fused teeth. Locally there are over a dozen species, though we will mention just a few of those easier to identify. Whether feeding, mating or sleeping, parrotfish offer us some of the more bizarre and memorable behavioral eccentricities among reef dwellers.

They are primarily herbivores that feed on algae which grows on dead coral, though some species may feed on the coral itself. In either case one can often hear the crunch of parrotfish biting down on coral long before one sees the parrotfish. They have a second set of jaws in their throat to grind down the coral, which is excreted as sand. Thus we can thank the parrotfishes, for their digestive tracts are at least partially responsible for the white sandy beaches we enjoy so much. They often feed in groups. Because they feed on algae that would otherwise smother the reef, parrotfish are important for the overall health of the reef. (Continued...)

David Nuñez

Loro Guacamayo
Rainbow Parrotfish
Scarus guacamaia

Especie Vulnerable
Vulnerable Species

Guillermo González

Loro Azul
Blue Parrotfish
Scarus coeruleus

52

...PECES: LOROS

Su desarrollo social-sexual puede ser complicado. Al igual que con los meros, los machos tienen un harén de hembras, de las cuales una se convierte en macho al morir el macho previo. Sin embargo también hay algunos que nacen ya machos. Las hembras y jóvenes comparten la misma coloración deslucída, y adquieren colores más vivos únicamente al convertirse en machos adultos. Esto permite a los machos jóvenes infiltrarse en el harén, haciéndose pasar por hembras, para aparearse furtivamente. Finalmente, todos estos detalles reproductivos varían no solo entre una especie y otra, sino dentro de una misma especie según su ubicación geográfica..

Ya que los depredadores nocturnos se guían por el olfato, los peces loro han desarrollado una estrategia singular para disuadirlos: construyen una burbuja mucosa apestosa (y de mal sabor) dentro de la cual duermen. Estos capullos están abiertos a ambos extremos para permitir el flujo de agua, y su construcción tarda aproximadamente unos 30 minutos.

Viven entre 5 y 20 años, y pueden llegar a medir entre 30 cm y 1.2 m, según la especie.

...FISHES: PARROTFISH

Parrotfish social-sexual development can be complicated. As with grouper, males have a harem of females, and upon the death of the male a female will take its place. However, some individuals are also born males. Females & juveniles are drab colored and only take on vivid tones as they become adult males. This allows younger males to infiltrate the harem by impersonating a female and thus mate with the real females by stealth. Finally, the details of these reproductive habits may vary not only from one species to the next, but even within species according to geographical location.

Because night-predators are guided by scent, parrotfish have developed a unique strategy to discourage enemies: they build a foul-smelling (and tasting) mucous bubble in which to sleep. These cocoons are open at both ends to allow water flow, and take about 30 minutes to construct.

Their lifespans range from 5 to 20 years depending on the species, and lengths can vary from 30 cm to 1.2 m.

David Nuñez

Loro Viejo (Macho)
Stoplight Parrotfish (Male)
Sparisoma viride

David Nuñez

Loro Viejo (Hembra)
Stoplight Parrotfish (Female)
Sparisoma viride

PECES: CIRUJANOS ó NAVAJONES

A nivel mundial la familia de los Cirujanos incluye a más de 70 especies en los mares tropicales. Deben su nombre a una filosa espina o "bisturí" que tienen en la base de la cola y usan para defenderse. De hecho el nombre científico de la familia, Acanthuridae, significa "cola de espina" en Griego.

Las especies locales comparten una misma forma y colores similares, lo cual complica su diferenciación. Para complicar más las cosas, el colorido puede variar dentro de la misma especie, e individuos de distintas especies forman agrupaciones mixtas. Son diurnos, y se les ve recorriendo el arrecife en estas agrupaciones, alimentándose de algas. Evitan que éstas crezcan demasiado y sofoquen al arrecife, por lo que la presencia de Cirujanos es crítica para la salud general del arrecife.

Si la navaja en la base de la cola es de color amarillo, el pez es un **Cirujano Azul** (*Acanthurus coeruleus*).

Si el cuerpo tiene barras verticales más oscuras, es un **Cirujano Rayado** (*Acanthurus chirurgus*).

Si carece de ambos distintivos previos, es un **Cirujano Pardo** (*Acanthurus bahianus*).

David Nuñez

Cirujanos
Surgeonfishes

David Nuñez

Cirujano Azul
Blue Tang
Acanthurus coeruleus

FISHES: SURGEONFISH

The Surgeonfish Family includes over 70 species in tropical oceans worldwide. They get their name from a sharp spine called a "scalpel" at the base of the tail, which is used for defense. In fact the Family name, Acanthuridae, means "thorned tail" in Greek.

Local species share a similar body shape & colors, making identification tricky. Adding to the confusion, coloration can vary within the same species, and different species may school together. They are all daytime feeders, and are seen in large groups that wander about the reef grazing on algae. In doing so they keep algae from overgrowing and smothering the reef, so the presence of Surgeonfishes is critical to overall reef health.

If the scalpel at the base of the tail is bright yellow, the fish is a **Blue Tang** (*Acanthurus coeruleus*).

If its body has dark vertical bars, it is a **Doctorfish** (*Acanthurus chirurgus*).

If it has neither of these distinguishing marks, then its an **Ocean Surgeonfish** (*Acanthurus bahianus*)

56

PECES:
Agujeta

A diferencia del Agujón, la Agujeta solo tiene alargada la mandíbula inferior. Estos peces nadan en la superficie, alimentándose de algas, pedazos de pasto flotantes, **zooplancton**, larvas y otros peces.

Su coloración les camufléa en las aguas superficiales. Son comunes en las bahías, cerca de la orilla, y se les usa como carnada.

David Nuñez

Agujeta
Ballyhoo
Hemiramphus brasiliensis

FISHES:
Ballyhoo

Unlike Houndfish, in the Ballyhoo only the lower jaw is elongated. These fish swim just below the surface, feeding on algae, floating grasses, **zooplankton**, larvae and other fish.

Their coloring helps them blend into the surface waters. They are common in bays and near the shore, and are frequently used as bait.

PECES:
Agujón Cocodrilo

La familia de los Agujones incluye a 34 especies de agua salada, **salobre** y dulce. A diferencia de las Agujetas, los Agujones tienen ambas mandíbulas alargadas en una impresionante trompa. Al igual que las Agujetas, nadan en la superficie y se les encuentra en arrecifes y manglares. Son carnívoros que se alimentan de otros peces. El Agujón Cocodrilo se encuentra en arrecifes tropicales alrededor del mundo, y puede llegar a medir 1.5 metros.

David Nuñez

Agujón Cocodrilo
Houndfish
Tylosurus crocodilus

FISHES:
Houndfish

The Needlefish Family includes 34 marine, **brackish** and freshwater species throughout the world. Unlike the Ballyhoo, both jaws are elongated in Needlefish. Like Ballyhoo, they swim just below the surface and are found along reefs and mangroves. They are carnivores and feed on other fish. The houndfish is found near tropical reefs worldwide, and can grow to 1.5 meters in length.

PECES:
Picuda ó Barracuda...

La familia de las Barracudas, incluye a 18 especies que habitan en los océanos tropicales y subtropicales del planeta. Tienen un cuerpo alargado, con una quijada inferior prominente que exhibe grandes y filosos dientes. Su reputación como depredadores feroces de otros peces es bien merecida, pero los ataques comprobados a bañistas son muy escasos y normalmente ocurren bajo condiciones de poca visibilidad y en ocasiones en que humanos alimentaban o provocaban a éstos peces. Cuando ocurren, los ataques constan de una sola mordida rápida que no se repite. Es posible que su reputación se deba en parte a su tendencia a aproximarse a buzos por curiosidad. Como precaución, se recomienda entrar al agua sin joyería (relojes, aretes) que pueda destellar y llamarles la atención.

Los jóvenes forman pequeños grupos, y aunque los adultos también pueden hacerlo, normalmente son solitarios. A estos individuos ocasionalmente se les puede ver controlando cardúmenes de otros peces en aguas someras, alimentándose de ellos a su antojo.

FISHES:
Great Barracuda...

The Barracuda family includes 18 species across all tropical and subtropical oceans worldwide. They have an elongated body with a protruding lower jaw that displays large sharp teeth. Their reputation as fierce predators of other fish is well deserved, but documented reports of attacks on swimmers are extremely rare. These cases seem to be related to conditions of low-visibility, and occasions in which humans were feeding or otherwise provoking the animals. They usually involve a single quick bite which is not repeated. Perhaps their tendency to approach divers and snorkelers out of curiosity adds to their fearsome reputation. To discourage unwelcome attention, swimmers may want to remove any shiny jewelry before going in the water.

Juveniles are often found in small schools, and though adults may also form groups they are usually solitary. Individuals may also herd schools of prey fish, keeping them in shallow waters and feeding on them at will. (Continued...)

David Nuñez

Picuda
Great Barracuda
Sphyraena barracuda

...PECES:
Picuda ó Barracuda

A éste pez se le encuentra tanto en mar abierto, como en el arrecife, sobre pastos marinos o entre manglares. Aúnque se le ve comunmente en aguas someras, pueden nadar a profundidades de hasta 100 metros. Sus larvas se esconden entre vegetacion marina en aguas someras, y los jóvenes pasan su primer año entre manglares y pastos marinos, antes de proceder al arrecife en su segundo año. Los jóvenes pueden cambiar de color de acuerdo a su entorno.

Pueden llegar a medir hasta 2 metros de longitud y pesar hasta 50 kg. Se calcula que viven alrededor de 14 años.

La Picuda depende de la vista para cazar, por lo que es activa durante el dia y prefiere aguas cristalinas. Su cuerpo hidrodinámico les permite nadar a 55 km/h en breves piques que sorprenden a sus presas. A su vez este pez puede ser comido por tiburones, atúnes, ó meros Itajara.

...FISHES:
Great Barracuda.

The Great Barracuda are found in both open water or near coastal reefs, seagrass beds and mangroves. Though often seen in shallow waters, they are also found at depths of up to 100 meters. Larvae settle in shallow waters with abundant vegetation and juveniles spend their first year hiding out among mangroves or seagrasses, before moving on to the reef in their second year. Juveniles can change color to match their surrounding.

They can grow to be 2 meters in length and weigh 50 kg. Their lifespan is estimated around 14 years.

Great Barracuda rely on their eyesight to catch a large array of prey, so they are active during the day and prefer clear waters. Their streamlined body allows them to swim at up to 55 km/h for short surprising bursts. They in turn may be eaten by sharks, tuna or Goliath grouper.

PECES:
Chopa Blanca

La familia de las Chopas, incluye a más de 40 especies distintas en el Atlántico, Pacífico e Indico. Los jóvenes crecen entre matas flotantes de **Sargaso**, mientras a los adultos se les encuentra sobre pastos marinos o arrecifes coralinos. Se alimentan de algas, cangrejos, moluscos y detritos.

David Nuñez

Chopa Blanca
Bermuda Chub
Kyphosus sectator

FISHES:
Bermuda Chub

The Sea Chub family includes over 40 different species in the Atlantic, Pacific and Indian Oceans. Juveniles are often found floating among **Sargassum** weed. Adults are found over seagrass beds or coral reefs. They feed on algae, small crabs, molluscs and offal.

PECES:
Lija Rayada

A los Peces Lija los caracteriza la presencia de una espina en la "frente", que se erige cuando el pez se siente amenazado. Esta familia incluye a más de 90 miembros en el Pacífico, Atlántico e Indico.

La Lija Rayada es la especie más grande y debe su nombre a sus rayas y puntos de azul y amarillo. Los jóvenes viven entre algas flotantes en mar abierto, mientras que los adultos prefieren los arrecifes y lagunas con profundidades menores a los 20 metros, aunque se le puede encontrar hasta los 120 metros. Se alimentan de algas, pastos marinos, corales blandos, **zooantidos** y anémonas.

Lilian Tinoco

Lija Rayada
Scrawled Filefish
Aluterus scriptus

FISHES:
Scrawled Filefish

The Filefish Family gets its name from the spine or thorn on its "forehead" which is raised when threatened. The family has over 90 members spread out over the Pacific, Atlantic and Indian Oceans.

The Scrawled Filefish is the largest species and gets its name from the blue and yellow lines and dots on its body. Juveniles live amongst floating weeds in the open ocean, while adults prefer reefs and lagoons with waters less than 20 m in depth, though it can be found as deep as 120 m. They feed on algae, seagrass, soft corals, **zooanthids,** & anemones.

PECES:
Sapo Magnífico

Existen más de 80 especies de peces sapo a nivel mundial. Se les encuentra en pequeñas cuevas y "cantan" para atraer pareja. Los machos cuidan del nido y de las crías varias semanas después de nacidas. El Sapo Magnífico es la especie más colorida del Caribe y se le encuentra únicamente en los arrecifes de Cozumel. Se alimenta de gusanos, caracoles y pequeños peces.

Heidi Hermsmeyer

Sapo Magnífico
Splendid Toadfish
Sanopus splendidus

FISHES:
Splendid Toadfish

There are over 80 species of toadfish worldwide. They are most often seen in small crevices, and are known to "sing" to attact a mate. Males care for the nest, and continue to protect their young for several weeks after hatching. The Splendid Toadfish, also known as the Coral Toadfish, is the most colorful of Caribbean species and is found only in the reefs around Cozumel island. It feeds on worms, snails, and small fishes.

PECES:
Lenguado Lunado

Existen más de 100 especies de Lenguado é incluso se han encontrado algunas en el fondo de la fosa de las Marianas, a profundidades de 10,000 metros!

Estos peces son expertos del camuflaje, e incluso reorganizan su cara para confundirse contra el fondo marino. Aunque nacen con un ojo de cada lado, atraviesan una metamorfosis en la que un ojo migra al otro lado.

Victimas de la sobrepesca, se calcula que las poblaciones actuales de lenguado representan tan solo el 10% de lo que eran previo a la pesca industrializada.

Recomendamos evitar el consumo de lenguados debido a que sus poblaciones continúan en picada.

El Lenguado Lunado prefiere los fondos arenosos o con piedras, aunque tambien se le encuentra cerca de pastos marinos. Se alimenta de pequeños peces, camarones y pulpos, y llega a medir hasta 46 cm de largo.

¿Puede encontrarlo en las fotos a continuación?

FISHES:
Peacock Flounder

There are over 110 species of Flounder distributed around tropical and temperate oceans worldwide. Some have even been found at the bottom of the Marianas trench, at depths of over 10,000 meters!

These fish are expert camouflagers, and even go through the trouble of rearranging their face so the can hide against the ocean floor. Though born with one eye on each side of its face, they undergo a metamorphosis in which one eye migrates over to the other side.

Heavily overfished, it is estimated that current flounder populations are only about 10% of what they were prior to the advent of industrial fishing.

We advise against the consumption of flounders due to dwindling populations.

The Peacock Flounder prefers sandy bottoms or those with rubble, though it can also be found near seagrass beds. It feeds mainly on small fish, shrimp & octupus, and reaches lengths of up to 46 cm.

Can you find it in the photographs on the next page?

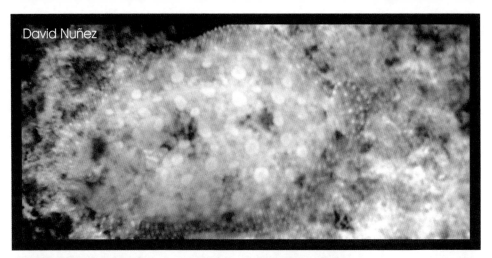

David Nuñez

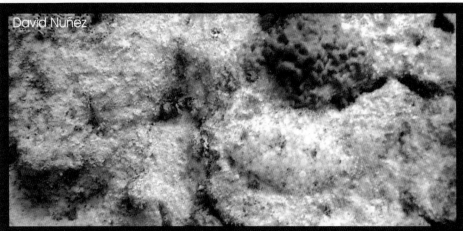

David Nuñez

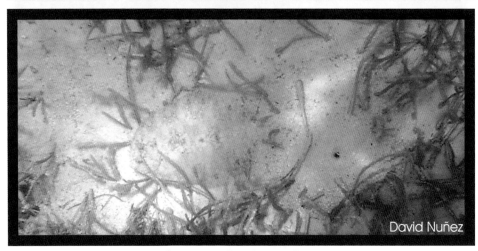

David Nuñez

Lenguados Lunados
Peacock Flounders
Bothus lunatus

PECES:
Boquinete

De hocico alargado, estos peces escarban en la arena en busca de moluscos, cangrejos y erizos. Prefieren los fondos arenosos cercanos al arrecife. Al igual que los meros, nacen hembras para después convertirse en machos.

Su colorido puede variar de acuerdo con su edad, sexo y ubicación, pero normalmente es de gris/pardo pálido para las hembras y de pardo/rojizo para los machos. En ambos casos la cara tiende a ser mas obscura que el resto del cuerpo. Pueden llegar a medir hasta 90 cm, pesar 10 kg y vivir 11 años. **Se le considera una especie Vulnerable.**

Greg Brown

Boquinete
Hogfish
Lacnolaimus maximus

FISHES:
Hogfish

These fish get their name from their elongated "snouts" and pig-like behavior of digging in the sand for **mollusks**, though it may also feed on hermit crabs and sea urchins. They prefer sandy bottoms near reefs. Like grouper, they are born female and become males.

Its coloration can vary, with age, sex and location but is usually pale gray/brown for females and red/brown for males. In both cases the face is often darker than the rest of the body. They can measure up to 90 cm in length, weigh 10 kg, and live up to 11 years.
The Hogfish is listed as *a Vulnerable* species.

PECES:
Vieja Española

Este vistoso pez tiene un cuerpo amarillo y púrpura. A los jóvenes se les ve limpiando a otros peces de parásitos. Los adultos se alimentan de estrellas de mar, **crustáceos**, **moluscos** y erizos. Sus hábitos reproductivos son similares a los del Boquinete.

David Nuñez

Vieja Española
Spanish Hogfish
Bodianus rufus

FISHES:
Spanish Hogfish

This striking fish has a yellow and purple body. Juveniles are often seen cleaning other fish of parasites. Adults feed on starfish, crustaceans, mollusks and sea urchins. Their reproductive habits are similar to that of the Hogfish.

PECES:
Cojinuda Carbonera ó Jurel Carbonero

La Cojinuda Carbonera puede llegar a medir 60 cm. Es un pez muy móvil, que no permanece mucho tiempo en la misma parte del arrecife. Forma agrupaciones que a veces pueden observarse atacando a cardúmenes de peces más pequeños, los cuales constituyen en gran parte su dieta. También puede alimentarse de **crustáceos** y **moluscos**, particularmente durante sus primeros dos años de vida, y es común verles siguiendo a rayas, alimentándose de lo que se les escape a éstas. Aún más jóvenes se alimentan de plancton y viven entre el Sargaso.

David Nuñez

Cojinuda Carbonera
Bar Jack
Carangoides ruber

FISHES:
Bar Jack

The Bar Jack can grow up to 60 cm in length. It is a highly mobile fish and does not stay over the same part of the reef for long. It often forms schools, and can sometimes be seen attacking larger schools of smaller fish which make up most of its adult diet. Bar Jacks may also feed on **crustaceans** and **mollusks**, particularly during the first 2 years of life, and are also seen following rays trying to catch whatever they stir up. The very young feed on plankton and are often found along floating Sargassum mats.

PECES:
Chícharo Ojón ó Sábalo de Ojo Grande ó Jiguaga ó Medregal

Miembro de la misma familia que la Cojinuda Carbonera y el Pámpano Palometa, este pez plateado forma cardúmenes de cientos de miles de individuos. Es un pez costero muy común en todo el mundo. Es nocturno y se alimenta de camarones y larvas. Es común ver a estos cardúmenes vigilados por barracudas y atacados por Jureles.

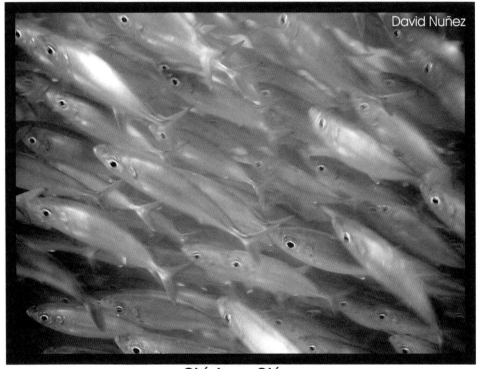

David Nuñez

Chícharo Ojón
Big Eye Scad
Selar crumenophthalmus

FISHES:
Big Eye Scad

A member of the same family as the Bar Jack and the Permit, this schooling fish is found in tight groups of hundreds of thousands of individuals. It is a very common coastal fish worldwide. A nocturnal feeder, it eats small shrimp and fish larvae. Schools are commonly seen being "herded" by barracuda, or attacked by Bar Jacks.

PECES:
Pámpano Palometa

Pariente cercano de la Cojinuda Carbonera y el Chícharo Ojón, el Pámpano Palometa comparte el mismo color plateado, pero tiene un cuerpo aplanado desde los lados, aletas obscuras, y cola exageradamente bifurcada.

Se les encuentra en aguas someras de fondo arenoso o sobre pastos marinos, donde cavan en busca de **crustaceos** y **moluscos**. Los más grandes pueden comer también cangrejos, caracoles y erizos. Pueden llegar a medir 1.2 metros y vivir hasta 23 años.

David Nuñez

Pámpano Palometa
Permit
Trachinotus falcatus

FISHES:
Permit

Closely related to the Bar Jack and the Big Eye Scad, the Permit has a silvery body that seems flattened from the sides, dark fins, and a distinctive deeply forked tailfin.

Permits often are found in shallow waters over sandy or muddy areas, or along seagrass beds, where they dig up **crustaceans** and **mollusks**. Larger individuals may also feed on crabs, snails and sea urchins. They can grow to 1.2 m in length and live up to 23 years.

PECES: COFRES Ó CHAPINES

Esta familia incluye más de 30 especies, 5 de ellas en el Caribe. A aquellos con "cuernos" sobre los ojos también se les conoce como Pez Vaca o Torito. Son peces territoriales que se alimentan de algas, corales blandos, anémonas y pequeños **crustaceos** y **moluscos**. Puede vérseles disparando chorros de agua en la arena para descubrir su presa. La identificación de especies se complica por su habilidad de cambiar colores de acuerdo con su entorno. Algunas especies difieren tan solo en la presencia de ciertas espinas. Localmente alcanzan tamaños de 40-50 cm.

David Nuñez

Chapin Pintado
Spotted Trunkfish
Lactophrys bicaudalis

FISHES: BOXFISH OR TRUNKFISH

The Boxfish Family includes over 30 members worldwide, with 5 found in the Caribbean. Those with "horns" over their eyes are also known as Cowfish. They are territorial and feed on algae, soft corals, anemones and small **crustaceans** and **mollusks**. They are often seen squirting water into sand to stir up food. Identification of particular species can be complicated by an ability to fade or darken to blend in with its surroundings. In some cases the difference between species lays not in their coloration or patterns, but rather on the presence or absence of particular spines. Local species on average reach a maximum length of 40-50 cm.

PECES:
Cubera

Capaz de llegar a medir hasta 1.6 metros, este es el más grande de los pargos Caribeños. Es de color gris o pardo, tiene labios gruesos y grandes dientes filosos claramente visibles que le dan un aspecto amenazante. Sin embargo, no representa peligro alguno para los humanos y se alimenta de peces, langosta y cangrejo. Al igual que con el Pargo Canchix, los jóvenes pueden tener pálidas barras verticales que desaparecen con la edad. Los adultos prefieren el refugio de salientes arrecifales, mientras que a los jóvenes se les encuentra entre pastos marinos y manglares. **La Cubera es considerada una especie _Vulnerable._**

David Nuñez

Cubera
Cubera Snapper
Lutjanus cyanopterus

FISHES:
Cubera Snapper

Able to grow up to 1.6 meters in length, this largest of the Caribbean snappers is gray or brown colored and has fat lips and clearly visible large, sharp teeth that give it a menacing look. However, it poses no threat to humans and feeds on other fish, lobster and crab. As with the Schoolmaster, juvenile Cuberas have pale bars on their body that may fade in adulthood. Adults prefer the shelter of reef ledges, while juveniles can be found over seagrass beds and near mangroves. **The Cubera Snapper is a _Vulnerable_ species.**

PECES:
Pargo Canchix

Las aletas y cola amarillas sobre el cuerpo plateado son la clave para identificar a este pargo. También pueden tener pálidas barras verticales, pero estas desaparecen con la madurez. De hábitos nocturnos, descansa en agrupaciones durante el día. Se alimenta de otros peces, camarones, cangrejos, caracoles, gusanos y demás **invertebrados**. De jóvenes frecuentan los manglares y pastos marinos de lagunas **salobre**s. Los adultos rara vez se alejan del arrecife, y comúnmente se les ve cerca de corales Cuerno de Alce y de corales blandos, como son los abanicos. Llegan a medir hasta 62 cm.

David Nuñez

Pargo Canchix
Schoolmaster
Lutjanus apodus

FISHES:
Schoolmaster

The bright yellow fins and tail on a silvery body are the key to identifying this snapper. Pale bars may also be present on the body but can fade in adults. A nocturnal feeder, it is often found resting in schools during the day. It preys on other fish as well as shrimp, crab, snails, worms and other **invertebrates**. Juveniles may be found in mangroves and in sandy or grassy areas of **brackish** lagoons. Adults rarely venture far from the reef and are often found near Elkhorn coral and soft corals such as sea fans. Schoolmasters can grow to 62 cm in length.

PECES:
Rabirrubia y Chivo Amarillo

La Rabirrubia es de fácil identificación por la raya amarilla que atraviesa su cuerpo a la mitad, de cabeza a cola, sus aletas y cola amarilla, y las motas amarillas sobre un cuerpo pálido. Sin embargo, los jóvenes pueden confundirse fácilmente con el Chivo Amarillo, de menor tamaño y apariencia similar, pero que carece de las motas amarillas y tiene unos largos "bigotes". A los jóvenes de ambas especies se les encuentra frecuentemente entre pastos marinos.

David Nuñez

Rabirrubia
Yellowtail
Snapper
Ocyurus
chrysurus

Jorge Gonzalez

Chivo Amarillo
Yellow Goatfish
Mulloidichthys
martinicus

FISHES:
Yellowtail Snapper & Yellow Goatfish

A yellow stripe along the middle of the body from head to tail, yellow fins and yellow spots on a pale body make the Yellowtail Snapper fairly easy to identify. However, juveniles can be easily confused with the much smaller Yellow Goatfish, which has a similar appearance but lacks the yellow spots and has a pair of long "whiskers". Juveniles of both species are often found in seagrass beds.

PECES:
Mojarra Blanca ó Mojarra Plateada ó Mojarra Rayada

Las Mojarras son pequeños peces plateados con una boca saliente. Su familia incluye a más de 40 especies de mares tropicales. La Mojarra Blanca normalmente se encuentra en aguas someras, de fondo arenoso o entre pastos marinos, donde se alimenta de pequeños invertebrados. Puede llegar a medir hasta 40 cm, pero generalmente es mucho más pequeña.

David Nuñez

Mojarra Blanca
Yellow Fin Mojarra
Gerres cinerus

FISHES:
Yellow Fin Mojarra

The Mojarras are small silvery fish with a protruding mouth. Their Family includes over 40 species found in tropical oceans worldwide. The Yellow Fin Mojarra is usually found in shallow waters over sand or seagrass beds, where it feeds on small invertebrates. It can grow to 40 cm in length, but is usually smaller.

PECES: LISAS

Esta familia incluye a más de 70 especies a nivel mundial, de las cuales muchas son de importancia alimenticia. Estos peces costeros son muy comunes alrededor del mundo, y se encuentran tanto en agua salada como en esteros salobres o agua dulce. Los adultos forman cardúmenes que se alimentan de plancton, algas, plantas muertas y detritos, por lo que son importantes procesadores de desechos.

David Nuñez

Lisa Blanca
White Mullet
Mugil curema

FISHES: MULLETS

The Mullet Family includes over 70 species, many of which are important food fish. These are extremely common coastal fish throughout the world that are equally comfortable in marine, brackish or freshwater environments of estuaries and rivers. Adults form schools that feed during the day on plankton, algae, dead plants and detritus- as shuch they are important waste removers.

PECES: CANDILES

A nivel mundial existen más de 60 miembros de la familia de los Candiles en los mares tropicales. Las especies locales tienen una longitud máxima de 30 cm, son de color rojo, y siendo de hábitos nocturnos, tienen grandes ojos. Distinguir entre especies puede ser complicado, sobre todo porque tienden a esconderse en pequeñas cuevas durante el día. Son venenosos.

David Nuñez

CANDIL
SQUIRRELFISH
HOLOCENTRIDAE

FISHES: SQUIRRELFISH

There are over 60 members of the Squirrelfish Family in tropical seas worldwide. Local species have a maximum length of around 30 cm, are red colored and, being nocturnal, have very large eyes. Identifying individual species can be tricky, particularly because Squirrelfish tend to hide in crevices during the day. They are poisonous.

PECES: Morena Verde ó Morena Congrio

A pesar de su apariencia, las anguilas no son serpientes, son peces y. existen más de 600 especies a nivel mundial. Tan solo la familia de las Morenas incluye a 200 miembros.

Localmente existen varias especies de anguila, pero la Morena Verde es por mucho la más impresionante, llegando a medir hasta 2.5 metros. Su color verde se debe a una cubierta mucosa, y sin ella la piel es de color pardo. Es un animal solitario que habita en costas rocosas, arrecifes y manglares. De día prefieren el cobijo de cuevas, y de noche salen a cazar peces, cangrejos, calamares, pulpos y camarones.

Aunque su apariencia es espeluznante, los ataques a humanos son extremadamente raros. Las mordidas a buzos ocurren normalmente en casos en que éstos alimentan a las morenas, las tocan, ó introducen el brazo en sus cuevas. Al igual que con cualquier otro animal, recomendamos que las observe desde una distancia respetuosa. Por favor sea cauto y absténgase de alimentar o tocar a las Morenas, aún si los demás son lo suficiente imprudentes para hacerlo.

FISHES: Green Moray Eel

Despite their appearance, eels are not snakes. They are fish and there are nearly six hundreds species of eels worldwide- including 200 in the Moray Family alone.

There are several local eel species, but the Green Moray is by far the most impressive, reaching lengths of up to 2.5 meters. Its green color is due to a mucus covering, and without it the skin is actually brown. They are solitary animals and are usually found along rocky coastlines, reefs and mangroves. By day they hide out in a cave, and come out at night to hunt fish, crab, squid, octopus and shrimp.

Though fearsome in appearance, attacks on humans are extremely rare. Bites are usually linked to cases in which divers were either feeding or touching the moray, or sticking their hands into crevices on the reef. As with all animal watching, we recommend you keep a respectful distance. Please exercise caution and refrain from feeding or petting Morays, even if other people are foolish enough to do it.

Deborah Dexter

Morena Verde
Green Moray Eel
Gymnothorax funebris

PECES: RAYAS

A nivel mundial existen cientos de especies de rayas en más de una docena de familias. Son peces que comparten un cuerpo aplanado en forma de disco, perfectamente adaptado para deslizarse sobre el fondo marino, donde vive la mayoría.

Las rayas son vivíparas y dan a luz a cachorros completamente desarrollados. Al igual que los tiburones, carecen de huesos y tienen un esqueleto de cartílago- esa sustancia flexible que da forma a nuestras orejas y nariz.

La mayoría viven en zonas costeras y se alimentan de los habitantes del fondo marino, como son caracoles, **moluscos** y camarones. Una notable excepción es quizá la raya más famosa de todas, la Mantarraya, que vive en el mar abierto y se alimenta de **plancton**.

Aunque muchas rayas tienen espinas filosas en su cola que son capaces de causar heridas severas, las rayas no son agresivas y no atacan a menos que se les provoque. Esta arma es estrictamente defensiva, y la mayoría de las heridas ocurren cuando bañistas las pisan. Una manera de evitar esto es arrastrando los pies al entrar al agua. En general tienden a tolerar la presencia de buzos, pero algunas les huyen. Al igual que con toda la fauna, recomendamos mantener una distancia respetuosa.

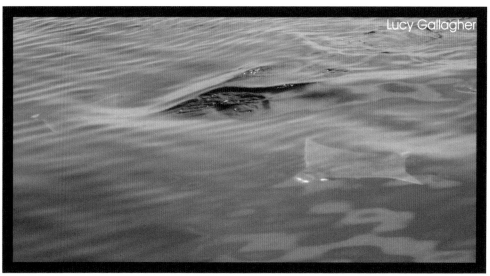
Lucy Gallagher

Mantarrayas
Manta Rays
Manta birostris

Chucho Pintado
Spotted Eagle Ray
Aetobatus narinari

FISHES: RAYS

There are hundreds of ray species in over a dozen Families worldwide. These are fish that share a flat disc shaped body, well adapted to gliding over the ocean floor, where most of them live.

Rays give birth to fully developed live young, called pups. Like sharks, they lack bones and instead have a skeleton made of cartilage- that flexible stuff which gives shape to our ears and nose.

Most live in coastal waters and feed upon sea-bottom dwellers such as snails, **mollusks** and shrimp. A notable exception is perhaps the most famous of rays, the Manta Ray, which lives in the open ocean and feeds on **plankton**.

Though many rays have sharp spines in their tails that are capable of inflicting severe wounds, rays are not aggressive and will not attack unless provoked. This weapon is strictly defensive, and most injuries to humans occur when bathers accidentally step on rays buried in the sand. To avoid this, try shuffling your feet when entering the water. They tend to tolerate the presence of snorkelers and divers quite well, but will sometimes flee. As with all wildlife, we recommend keeping a respectful distance.

PECES: RAYAS
Raya Látigo Americana o Balá

La raya más común en las bahías y lagunas del Caribe Mexicano es la Raya Látigo Americana. De hábitos nocturnos, se alimenta de **moluscos**, gusanos, camarones, cangrejos y peces pequeños que habítan en pastos marinos. Tiene una forma de rombo o diamante, con "alas" que forman un ápice en la punta. Entre punta y punta pueden medir hasta dos metros. En promedio dan a luz a cuatro crías por camada, cada una de 20 a 30 cm. Tienen una filosa espina venenosa en la cola. Sin embargo, no la utilizan para cazar, sino en defensa propia.

David Nuñez

Raya Látigo Americana
Southern Stingray
Dasyatis americana

FISHES: RAYS
Southern Whiptail

The ray you are most likely to encounter in the bays and lagoons of the Mexican Caribbean is the Southern Stingray. A nocturnal animal, it feeds on **mollusks**, worms, shrimp, crab and small fish, that dwell in seagrass beds. It is diamond-shaped, with wings that come to a corner at the tip. Their wingspan can reach 2 meters. Southerns give birth to an average of 4 pups per litter, each measuring between 20-30 cm in length. Southern Stingrays have a sharp poisonous spine on their tails. However, this spine is not used for hunting but rather for defense.

PECES: RAYAS
Raya Coluda Caribeña ó Mantalisa

Esta especie es mucho menos común que la Raya Látigo Americana y realmente sabemos muy poco sobre ella. Aunque es de apariencia similar, la diferencia más obvia es en la forma de las "alas" que en ésta especie son redondeadas, dándole un cuerpo más circular que el de su prima. Al igual que la Raya Látigo Americana, tiene una espina venenosa en la cola.

David Nuñez

Raya Coluda Caribeña
Caribbean Whiptail
Himantura schmardae

FISHES: RAYS
Caribbean Whiptail

This species is much less common than the Southern Stingray, and we really know very little about it. Otherwise similar to the Southern Stingray, the most visible difference is in the rounded shape of its "wings" which give it a more circular body shape than that of its cousin. It also has a poisonous spine in its tail.

PECES: RAYAS
Chucho Pintado u Obispo ó Raya Gavilán

Existen 20 especies distintas de Chuchos con su distintivo hocico alargado. El Chucho Pintado tiene distribución mundial y es inconfundible por sus motas (o anillos) blancos sobre un cuerpo obscuro. Esta es una de las criaturas marinas más bellas y es un placer observarla. Lamentablemente no parecen compartir esa opinión acerca de nosotros y tienden a huir de los humanos.

Se les ve comúnmente cerca de arrecifes, pero también pasan bastante tiempo en mar abierto donde forman agrupaciones numerosas. Se alimenta de ostras, ostiones, calamares, camarones y erizos. Entre punta y punta de sus alas pueden llegar a medir hasta 3 metros. También tienen espinas venenosas en la cola, las cuales son de uso defensivo.

Al Chucho Pintado se le considera *Casi Amenazado*.

David Nuñez

Chucho Pintado
Spotted Eagle Ray
Aetobatus narinari

Chucho Pintado
Spotted Eagle Ray
Aetobatus narinari

FISHES: RAYS
Spotted Eagle Ray

Found in oceans around the world, the Spotted Eagle Ray is unmistakable by its light spots (or rings) on a dark body. Characterized by a long snout, there are 20 different species of Eagle Rays. The Spotted is among the most beautiful sea creatures and is a delight to watch. Unfortunately, they don't seem to care much for us and often flee from humans.

Commonly seen near coral reefs, they also spend a lot of time in the open ocean, where they form large schools. Spotted Eagle Rays feed on clams, oysters, squid, shrimp and even sea urchins. They can reach wingspans of 3 meters. These rays also have poisonous spines in the tail, which are used defensively.

The Spotted Eagle Ray is considered *Near Threatened*.

PECES: RAYAS
Raya Redonda de Estero ó Raya Pintada

Bastante más pequeña que otras rayas con espina, la Redonda ó Pintada llega a medir 65 cm de largo, con un diámetro corporal de 30 cm. Su coloración es variable, pero el cuerpo generalmente se encuentra cubierto de rayas onduladas y manchas oscuras. Tiene una espina venenosa en la cola capaz de causar heridas severas.

Se entierran en la arena y esperan a su presa, a la cual sorprenden saltando sobre ella. También se les ha observado levantando la parte frontal del cuerpo para crear un área de sombra que atrae a su presa y la guía directamente a su boca.

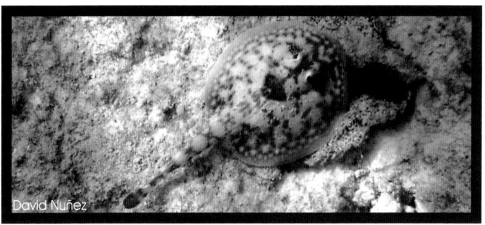

Raya Redonda de Estero
Yellow Stingray
Urobatis jamaicensis

FISHES: RAYS
Yellow Stingray

Smaller than other stingrays, the Yellow reaches a body disc diameter of about 30 cm, and a total length of about 65 cm. Their color patterns are variable, but the body is generally covered with dark spots and wavy lines. As with all stingrays, their poisonous tail can deliver a serious wound.

They feed by burying in the sand and laying in wait for prey. They may either pounce on those that get too close, or even trick small creatures seeking shelter by raising the front of its body to create a shady area, thus leading them straight into its mouth.

PECES: RAYAS
Raya Eléctrica Torpedo ó Raya Eléctrica Menor

Esta raya carece de espinas, pero es capaz de aturdir tanto a presas y depredadores con una descarga eléctrica (de hasta 37 voltios). Llegan a medir 60 cm de longitud y se alimentan de gusanos, anguilas jóvenes, anémonas, **crustáceos** y peces pequeños. Las hembras dan a luz a hasta 15 cachorros por camada. **Se considera que esta especie se encuentra *en Peligro Crítico de Extinción*.** La mayor amenaza a su supervivencia parece ser su captura accidental durante la pesca comercial de otras especies.

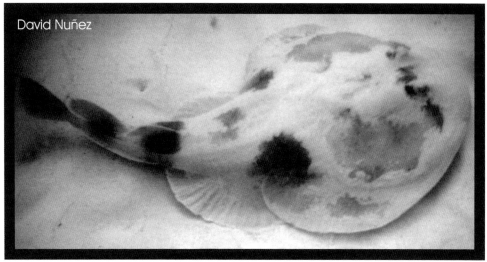

David Nuñez

Raya Eléctrica Torpedo
Lesser Electic Ray
Narcine bancroftii

FISHES: RAYS
Lesser Electric Ray

This ray does not have a stinger, and instead relies on its ability to deliver an electric charge (of up to 37 volts) to stun both predators and prey. They grow to about 60 cm in total length, and feed on worms, juvenile eels, anemones, crustaceans and small fish. Females give birth to up to 15 pups. **This species is considered to be *Critically Endangered*.** Accidental by-catch appears to be the major threat.

PECES: TIBURONES

Los tiburones son de los animales de mayor antigüedad, y sus primeros fósiles datan de hace 420 millones de años. La mayoria de los tiburones modernos aparecieron hace unos 100 millones de años. En comparación, los primeros fósiles humanos datan de hace 2.5 millones de años, y los humanos modernos aparecimos apenas hace 200,000 años. En la actualidad existen más de 400 especies de tiburones,e incluso hay algunos de agua dulce. Son parientes de las Rayas y al igual que éstas son vivíparos, tienen esqueletos de cartílago y cuerpos altamente hidrodinámicos.

A diferencia de otros peces, los tiburones carecen de vejiga natatoria (de flotación), lo cual implica que se hunden si dejan de moverse.

Los dientes de los tiburones se presentan en filas múltiples que constantemente caen y son reemplazados. En algunas especies los dientes pueden ser sustituidos cada diez días, aunque en la mayoría duran varios meses.

Pueden tener comportamientos sociales de alta complejidad, y algunas especies han demostrado capacidades comparables a las de delfines y ballenas en cuanto a resolución de problemas y jugueteo.

Se ha calculado que 10,000 tiburones son matados cada hora, lo cual resulta en más de 100 millones al año. Esto ha llevado a disminuciones del 70-90% de muchas especies en las últimas décadas. **Recomendamos evitar el consumo de cualquier tiburón. En México todos los tiburones reciben cierta protección- algunos más que otros.**

Es poco probable que se tope con un tiburón en la playa, ya que la mayoría evitan entrar a las bahías y prefieren el otro lado del arrecife (el de mar abierto). Es más común encontrarlos durante buceos. Aunque el riesgo que representan para los humanos se ha exagerado, si recomendamos cautela.

Finalmente, consideramos de interés cultural que la palabra "shark" del inglés posiblemente tenga us origen en la palabra "xook" de los Mayas Yucatecos.

FISHES: SHARKS

Sharks are among the most ancient of animals, with the earliest shark fossils dating back over 420 million years. Most modern sharks evolved about 100 million years ago. By contrast the earliest human fossils are from 2.5 million years ago, and modern humans evolved about 200,000 years ago. There are currently over 400 different species of sharks, including some freshwater species. They are related to Rays and also give birth to live young, have a cartilage skeleton and a streamlined body.

Sharks to not have swim-bladders as other fish do, which means they sink when they stop moving.

Shark teeth occur in multiple rows that are constantly being shed and replaced. In some species teeth can be replaced every ten days, though most last several months.

They can have highly complex social behaviors and some species have been observed to exhibit problem-solving skills and playfulness similar to that of whales and dolphins.

It has been estimated that over 10,000 sharks are killed every hour, amounting to over 100 million per year. This has led to declines of 70-90% in the populations of many species over the past several decades. **We recommend abstaining from eating any shark at all. All sharks are protected in Mexico to some degree- some more so than others.**

You are unlikely to encounter a shark while at the beach, as most refrain from entering the bays and prefer to stay on the other (ocean) side of the reef. Encounters while diving are not uncommon. Though their danger to humans is often exaggerated, caution is recommended.

In an interesting cultural note, sharks were called sea-dogs in the English language until the 16th Century, and it has been suggested that the word "shark" is derived from the Yucatec Maya word "xook".

PECES: TIBURONES
Tiburón Coralino

Como su nombre lo implica, esta especie habita cerca de los arrecifes, particularmente en las profundidades del lado del mar abierto. Los ataques a humanos son poco frecuentes, pero si ocurren- particularmente cuando el tiburón se siente amenazado, por ejemplo cuando se siente acorralado por un grupo de buzos. Las señales de que un ataque es inminente incluyen movimientos exagerados de la cabeza, mayor frecuencia de movimientos repentinos y erizar la espalda. **Esta especie es considerada como *Casi Amenazada.***

David Nuñez

Tiburón Coralino
Caribbean Reef Shark
Carcharhinus perezi

FISHES: SHARKS
Caribbean Reef Shark

As its name implies, this species is most often found near reefs, particularly among drop offs on the outer side of the reef. Attacks on humans are infrequent, but do occur- particularly when the shark feels threatened, such as when a group of divers may inadvertently corner it against the reef. Signs that an attack may be imminent include exaggerated swinging of the head, increased frequency of sudden movements, and arching the back. **This species is listed as *Near Threatened.***

PECES: TIBURONES
Tiburón Gata

El tiburón gata es nocturno y durante el día se le ve descansando en el fondo o en cuevas del arrecife. Los jóvenes prefieren aguas someras, mientras que los adultos solo las visitan de noche para cazar rayas, calamares, pulpos, langosta, erizos y otros peces. Este tiburón puede llegar a medir hasta 4 metros y a pesar más de 100 kg. Los ataques a humanos son escasos, pero han aumentado al incrementar el turismo con tiburones. Por favor no intente tocarlos ni alimentarlos.

Deborah Dexter

Tiburón Gata
Nurse Shark
Ginglymostoma cirratum

FISHES: SHARKS
Nurse Shark

The nocturnal nurse shark is often seen resting on the ocean floor or in crevices on the reef during the day. Juveniles prefer shallow waters, while adults only venture into the shallows at night, to hunt for stingrays, squid, octopus, lobster, sea urchins and other fish. This shark can reach lengths of over 4 meters and weigh above 100 kg. Attacks on humans are very rare, but have increased as shark related toursim has increased. Please do not attempt to touch or feed them.

PECES: TIBURONES
Tiburón Ballena ó Dominó

Éste, el mayor de los tiburones, tiene un cuerpo obscuro con motas blancas que lo hacen también el tiburón más bello. Es inofensivo y se alimenta nadando en la superficie con la boca abierta, filtrando así el plancton, **krill** (pequeños camarones) y pequeños peces.

Los individuos más grandes pueden superar los 20 metros de longitud, pero el promedio es más cercano a 12 metros. Se desconoce cuantos años viven, pero se calcula que puede ser entre 60 y 100 años. Las hembras dan a luz a unos 300 cachorros, cada uno de 55-64 cm de largo.

Habitan en todos los océanos tropicales y son migratorios. Una de las mayores congregaciones de Tiburones Ballenas ocurre cada verano cerca de Holbox, en la punta Noreste de la Península de Yucatán, donde el Caribe y el Golfo de México se encuentran.

El Tiburón Ballena está clasificado como especie *Vulnerable*. Aunque todavía se le pesca en Asia, el crecimiento reciente del turismo de observación de esta especie a nivel mundial ha creado incentivos para su conservación.

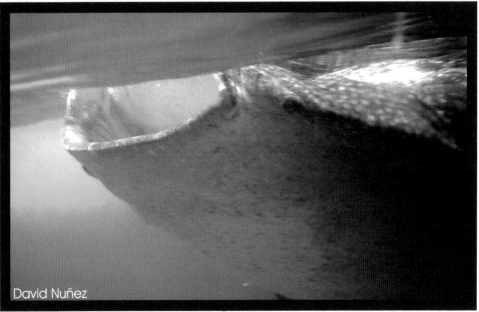

David Nuñez

Tiburón Ballena
Whaleshark
Rhincodon typus

David Nuñez

Tiburón Ballena
Whaleshark
Rhincodon typus

FISHES: SHARKS
Whale Shark

This largest of all sharks has a dark body with random white spots that also make it the most beautiful. It is also harmless to humans. A filter feeder, it swims at the surface with its mouth open, scooping in plankton, **krill** (tiny shrimp) & small fishes.

The largest individuals can top 20 meters in length, though the average is closer to 12 m. Their lifespan is unknown, but has been estimated between 60-100 years. Females give birth to 300 pups, each about 55-64 cm in length.

They inhabit all tropical oceans and are migratory. One of the largest aggregations of Whalesharks occurs every summer near Holbox, on the Northeastern tip of the Yucatan Peninsula, where the Caribbean Sea meets the Gulf of Mexico.

The Whaleshark is listed as *Vulnerable*. Though it is still hunted in Asia, the recent growth in Whaleshark tourism worldwide is providing incentives for its conservation.

INVERTEBRADOS MARINOS:
Calamar Caribeño

Sin duda alguna el Calamar Caribeño es una de las criaturas más extrañas y fascinantes que podrá ver en el Caribe Mexicano. Estos animales son capaces de cambiar de colores rápidamente, creando más de 40 diseños. Algunos de estos arreglos son claramente defensivos, otros son usados para atraer pareja. Incluso son capaces de simultáneamente enviar dos señales distintas, una en cada mitad de su cuerpo, a otros calamares a sus costados.

A los jóvenes se les encuentra sobre pastos marinos, mientras que los adultos prefieren el arrecife. Es más fácil observarlos durante la madrugada y al atardecer. También los atrae la luz artificial, por lo que los buzos nocturnos podrán tener más suerte acercándoseles.

Al igual que todos los calamares, tiene un pico muy fuerte que utilizan para comer **moluscos**, **crustáceos** y peces, y pueden consumir hasta el 60% de su propio peso en un día. Se reproducen tan solo una vez, y las hembras mueren poco después de desovar. Aunque es posible que los machos se apareen con varias hembras en un periodo breve, también mueren poco tiempo después.

David Nuñez

Calamar Caribeño
Caribbean Reef Squid
Sepioteuthis sepioidea

Calamar Caribeño
Caribbean Reef Squid
Sepioteuthis sepioidea

MARINE INVERTEBRATES:
Caribbean Reef Squid

Without a doubt, one of the strangest and most fascinating creatures you are likely to see is the Caribbean Reef Squid. These animals are capable of changing colors very quickly, flashing over 40 different patterns. Some are clearly defensive, others are used to attract a mate. They are even capable of simultaneously displaying two patterns, one on each side of the body, to other squid on opposite sides.

Juveniles are often found over seagrass beds, while adults prefer the reef. They are easier to approach around dawn and dusk. They are also attracted to artificial light, so night divers may have better luck approaching them.

Like all squid, they have a strong beak with which to eat mollusks, crustaceans and fish, and can eat up to 60% of their own weight every day. They mate only once in a lifetime, with females dieing shortly after laying their eggs. Though males may mate with several females over a short period of time, they also die shortly after.

Caracol Leopardo
Flamingo Tongue
Cyphoma gibbosum

INVERTEBRADOS MARINOS:
Caracol Leopardo

Estos bellos caracoles alcanzan tan solo 2.5 cm en longitud, y son cada vez más escasos por ser recolectados frecuentemente por buzos que piensan erróneamente que el caparazón mismo es el de los colores hermosos. De hecho el caparazón es blanco. Los colores vistosos se encuentran sobre una membrana estirada sobre el caparazón. Una vez que muere el animal, desaparece el color.

Esta membrana es el equivalente de las branquias de los peces, en que através de ella respira el animal.

A los Caracoles Leopardo se les encuentra sobre corales blandos (abanicos y candelabros), ya que se alimentan de éstos pólipos coralinos. Es común ver una "cicatriz" donde ha pasado el caracol, particularmente sobre los abanicos.

MARINE INVERTEBRATES:
Flamingo Tongue

These stunningly beautiful snails grow only to about 2.5 cm in length and are becoming increasingly rare as divers and snorkelers collect them under the mistaken assumption that it is the shell that is so pretty. In fact the shell is plain white. The colorful patterns are actually on a membrane that the snail stretches across the shell. Once the animal dies, so does the color.

This colorful membrane is the equivalent of gills on fish, in that through it the snail breathes.

Flamingo Tongues are found on soft corals- sea fans & sea rods- because they actually feed on soft coral polyps. One can often see a feeding scar where the snail has passed, particularly on sea fans.

David Nuñez

Caracol Leopardo
Flamingo Tongue
Cyphoma gibbosum

INVERTEBRADOS MARINOS:
Arbol Navideño

¿Quien iba a pensar que existieran gusanos bonitos? Los Árboles Navideños son gusanos que construyen un hogar tubular enterrado en corales duros. Lo que vemos como un par de árboles navideños en realidad son sus branquias en espiral (por ello el nombre científico *Spirobranchus*) que salen de la cavidad. Pueden ser de varios colores: naranja, rojo, amarillo, rosa, azul, gris o pardos.

Con estas estructuras espirales no solo respira, sino también se alimenta. Las branquias están cubiertas de una mucosa que captura alimentos, los cuales descienden por la espiral hasta la boca del gusano. Los Árboles Navideños son muy sensibles a la luz y al movimiento, e inmediatamente contraen sus "árboles" al percibir cualquier amenaza.

Guillermo González

Arbol Navideño
Christmas Tree Worm
Spirobranchus giganteus

Deborah Dexter

Arbol Navideño
Christmas Tree Worm
Spirobranchus giganteus

MARINE INVERTEBRATES:
Christmas Tree Worm

Who knew a worm could actually be pretty? The Christmas Tree worm burrows into hard corals and builds a hard tubular home for itself. What we see as a pair of Christmas trees are actually its spiral-shaped gills (hence the genus name *Spirobranchus*) sticking out of this hole. They come in many colors: orange, red, yellow, pink, blue, gray or brown.

Through these spiral structures the worm not only breathes, but also feeds. The gills are covered in mucous so that any passing meal is caught and channeled down the spiral to the mouth. Christmas Tree Worms are very sensitive to light and movement, and will immediately retract their "trees" if they feel threatened.

INVERTEBRADOS MARINOS:
Caracol Rosado ó Caracol Reina

El Rosado es el mayor de los caracoles Caribeños, llegando a medir 30 cm de largo. Recibe su nombre por el interior de su concha, que es de color rosa o melocotón. Normalmente se les encuentra en fondos arenosos o sobre pastos marinos, donde se alimenta de algas. Se le puede ver moviéndose en saltos, impulsado por su pie. Viven unos 40 años. Su tendencia a reunirse en aguas someras ha facilitado la sobrepesca de esta especie, resultando en un desplome de su población. Aunque no se le considera una especie amenazada, si está sujeta a diversos esfuerzos de conservación tanto a nivel nacional como internacional.

David Nuñez

Caracol Rosado
Queen Conch
Strombus gigas

MARINE INVERTEBRATES:
Queen Conch

The Queen Conch is the largest of the Caribbean snails, reaching lengths of around 30 cm. The inside of its shell is often pink or peach colored. It is usually found on sandy bottoms or seagrass beds, where it feeds on algae. It can be seen to hop along by thrusting with its foot. Their lifespan is estimated at around 40 years. Overfishing, made easier by its tendency to gather in shallow waters to breed, has led to a decline in its population. Though it is not listed as a threatened species, it is subject to ongoing conservation efforts at national and international levels.

INVERTEBRADOS MARINOS:
PEPINOS DE MAR

Existen más de 1,250 especies de Pepinos Marinos, la mayoría de los cuales habitan a grandes profundidades. Sin embargo, en el Caribe Mexicano podemos encontrar varios en aguas relativamente someras a las orillas del arrecife, sobre fondos arenosos, donde se alimentan de algas.

Los Pepinos Marinos tienen un esqueleto singular, el cual pueden reorganizar a su antojo para entrar en espacios pequeños. También pueden expeler parte de este esqueleto de fibras pegajosas para enredar, o por lo menos distraer a depredadores. Incluso es posible que expulsen parte de su sistema digestivo en el proceso, en efecto vomitando sus entrañas. Son asquerosos.

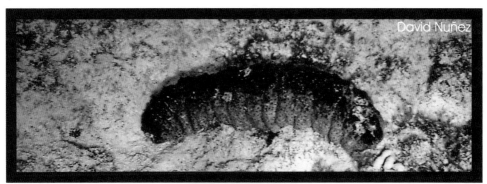
David Nuñez

PEPINO DE MAR
SEA CUCUMBER
HOLOTHURIOIDEA

MARINE INVERTEBRATES:
SEA CUCUMBERS

There are at least 1,250 species of Sea Cucumber, most of which are found at great depths. However, the Mexican Caribbean is home to a few that can be found in relatively shallow waters. These are usually found on sandy areas near the reef, where they feed on waste and algae.

Sea Cucumbers have a very unique skeleton, which they can rearrange at will to squeeze into tight places. They can also expel part of this skeleton as sticky threads to entangle or distract potential predators. Sometimes they may also expel part of their digestive tract along with it, literally puking their guts out. They are gross.

INVERTEBRADOS MARINOS:
Erizo Diadema

Existen varias especies de erizos en el Caribe Mexicano, pero sin duda el más notable es el Diadema, con sus impresionantemente filosas, notablemente largas y usualmente negras espinas que pueden llegar a medir hasta 30 cm. Se alimentan principalmente de algas, y son uno de los herbívoros más importantes del arrecife, ya que mantienen el equilibrio entre corales y algas. Cuando su población se desplomó debido a una misteriosa epidemia entre 1983-84, numerosos arrecifes del Caribe murieron sofocados por las algas, lo cual repercutió en la disminución de la población de muchos peces y otras criaturas arrecifales. Muchos de estos arrecifes aun no se han recuperado, y las recuperaciones vistas han sido vinculadas a la reaparición de los Erizos Diadema.

Se ha sugerido que previo a la muerte masiva de hasta un 97% de la población de Diademas entre 1983-84, su densidad de población se había elevado demasiado debido a la sobrepesca de sus depredadores. Y que esta densidad anormalmente elevada fue lo que facilitó la propagación de la enfermedad. En cualquier caso, la historia de la Diadema es un recordatorio importante de la interdependencia de las especies, y de como los efectos sobre una sola pueden tener repercusiones dramáticas sobre el ecosistema entero.

David Nuñez

Erizos Diadema
Diadema Sea Urchins
Diadema antillarum

David Nuñez

Erizo Diadema
Diadema Sea Urchin
Diadema antillarum

MARINE INVERTEBRATES:
Diadema Sea Urchin

There are several species of sea urchin to be found along the Mexican Caribbean, but by far the most notable is the Diadema, with its remarkably long, usually black, and extremely sharp spines, which can grow to 30 cm in length. They feed mostly on algae, and are one of the most important herbivores on the reef, as they maintain the balance between corals and algae. When their population crashed due to a mysterious epidemic in 1983-84, reefs throughout the Caribbean were smothered by algae and died, which in turn led to declines in the populations of many fish and other reef creatures. Many reefs have yet to recover, and recovery is strongly linked to a rebounding Diadema population.

It has been suggested that prior to the die-off of up to 97% of Diadema urchins in 1983-84, their population was artificially high, due to overfishing of their predators. And that an abnormally high population density facilitated the spread of the disease. In any case, the Diadema story is an important reminder of the interconnectedness of species, and how the effects on a single one can have long-ranging repercussions across the entire ecosystem.

Heidi Hermsmeyer

Langosta Moteada
Spotted Spiny Lobster
Panulirus guttatus

INVERTEBRADOS MARINOS: LANGOSTAS (Familia Palinuridae)

Las langostas de la familia Palinuridae difieren de otras langostas en que tienen antenas mucho más largas y carecen de grandes pinzas. Son animales nocturnos que se alimentan de caracoles, ostiones, cangrejos, erizos y **carroña**. De día se esconden en huecos en el arrecife, aunque a veces se les ve migrando sobre el fondo marino en hilera, tocándose con sus antenas para mantener la fila. También utilizan a sus antenas para disuadir a depredadores, frotándolas contra su caparazón para hacer un ruido rechinante y molesto.

A nivel mundial existen por lo menos 45 especies en la familia Palinuridae, de las cuales varias habitan en el Caribe. Las especies locales pueden llegar a medir hasta 45 cm, pero normalmente son más pequeñas. Su diferenciación puede ser complicada, y las diferencias más notables consisten en la cantidad y posición de motas blancas sobre el caparazón. La **Langosta Moteada** (*Panulirus guttatus*) está completamente cubierta de puntos blancos, mientras que la **Langosta Común del Caribe** (*Panulirus argus*) puede tener algunos de estos puntos, pero no tantos.

MARINE INVERTEBRATES: SPINY LOBSTERS

The spiny lobsters are different from the "true" lobsters, in that the have much larger antennae and lack the large claws. They are nocturnal, and feed on snails, clams, crabs, sea urchins and **carrion**. By day they usually hide in crevices in the reef, though they are sometimes seen migrating across the ocean floor single file, keeping in line by touching with their long antennae. They also use their antennae to fend off predators by scraping them against their shell to make an unpleasant screeching sound.

There are at least 45 species of Spiny Lobster worldwide, a few of which can be found in the Caribbean. Local species grow to about 45 cm in length, but are usually smaller. They can be hard to tell apart, and the most obvious differences are in the amount and position of white spots on the shell. The **Spotted Spiny Lobster** (*Panulirus guttatus*) is completely covered in white spots, whereas the **Caribbean Spiny Lobster** (*Panulirus argus*) may have a few spots, but not nearly as many.

Guillermo González

Langosta Común del Caribe
Caribbean Spiny Lobster
Panulirus argus

INVERTEBRADOS MARINOS:
Anémona Caribeña

Las anémonas son parientes de las medusas (y de los corales), que tienen tentáculos con los que paralizan a su presa con picaduras tóxicas. Existe varias especies en los arrecifes del Caribe Mexicano, todas venenosas. La Sol tiene tentaculos cortos, mientras que la Destapacorchos tiene un diseño en espiral en cada tentáculo. Pero la Caribeña es fácilmente la más impresionante, con hasta 100 grandes tentáculos que pueden tener las puntas de color púrpura, rosa, verde o simplemente blancas.

Normalmente se les encuentra en pequeños huecos, ancladas al sustrato rocoso de áreas someras, ya sea de fondo pedregoso, cerca de pastos marinos, ó con menor frecuencia, en el arrecife mismo. Es común encontrar una especie de camarón viviendo entre los tentáculos de esta anémona.

Heidi Hermsmeyer

Anemona Caribeña
Giant Caribbean Anemone
Condilactys gigantea

Anemona Caribeña
Giant Caribbean Anemone
Condilactys gigantea

MARINE INVERTEBRATES:
Giant Caribbean Anemone

Relatives of jellyfish (and coral), Anemones have tentacles which deliver toxic stings with which they paralyze their prey. There are several species of Anemone to be found on the reefs of the Mexican Caribbean, all of which are poisonous. The Sun has very short tentacles, the Corkscrew has a spiral pattern on each tentacle. But by far the most impressive is the Giant Caribbean Anemone, whose up to 100 tentacles can have brightly colored tips, in purple, pink, green, or simply white.

It is usually found in crevices attached to rock in shallow areas, including rubble beds, seagrass beds, and less often on the reef itself. A species of cleaner shrimp is commonly found living among the tentacles of this anemone.

INVERTEBRADOS MARINOS: ESPONJAS

Existen más de 9,000 especies de esponjas, que encontramos desde los trópicos hasta los círculos polares, a profundidades desde unos cuantos hasta miles de metros. La mayoría viven tan solo unos cuantos años, mientras otros pueden llegar a vivir cientos, incluso miles de años. También hay especies de agua dulce. Aunque la mayoría se alimentan de plancton, algunas especies carnívoras han desarrollado métodos para capturar presas mayores, como son camarones.

Muchos tienen una forma hueca, como de tazón o vaso. Las paredes de este contenedor son altamente porosas. Estos poros forman canales donde bacterias, larvas y demás alimentos son filtrados del agua.

Al igual que los corales, a las esponjas comúnmente se les confunde con plantas, pero son animales que en su etapa de larva nadan libremente.

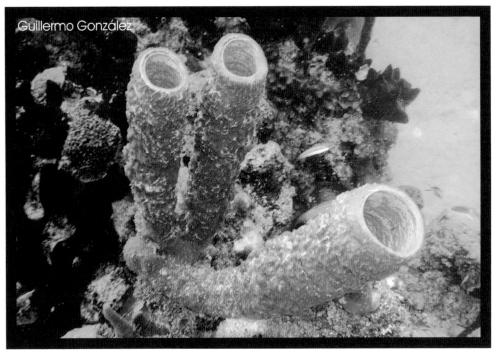

Guillermo González

Esponja Tubular Amarilla
Yellow Tube Sponge
Aplysina fistularis

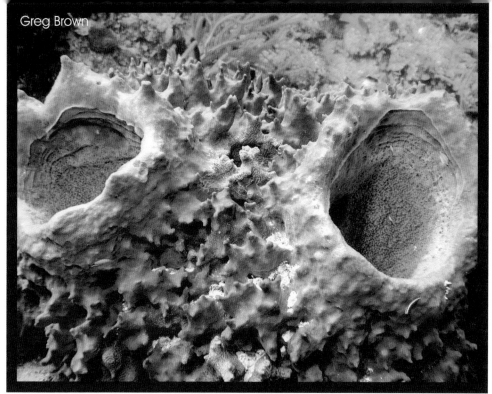

Greg Brown

Barril Gigante
Giant Barrel Sponge
Xestospongia muta

MARINE INVERTEBRATES: SPONGES

There are over 9,000 different types of sponges, found from the tropics to the polar circles, in depths ranging from a few meters to thousands. Though most live only a few years, others can live for hundreds, and even thousands of years. There are even some freshwater species. Though most feed on plankton, a few carnivorous species have devised methods for capturing and feeding on larger animals, such as shrimp.

They often share a hollowed-out shape, such as that of a bowl or tube. The walls of this container are highly porous. These pores lead to channels where bacteria, larvae and other foods are filtered from the water.

Like corals, sponges are often confused for plants, but are in fact animals, and have a free-swimming larval stage early in life.

TORTUGAS MARINAS

A diferencia de otras tortugas, las marinas no pueden meter la cabeza a su caparazón, el cual es más ligero y aplanado que el de tortugas de agua dulce. Tienen aletas en vez de pies, las cuales les permiten nadar a hasta 55 km/h. Al igual que todos los reptiles acuáticos, deben subir a la superficie a respirar aire.

Los arrecifes, los pastos marinos y las playas de anidación del Caribe Mexicano nos brindan oportunidades únicas para ser testigos de estos animales en peligro de extinción en su hábitat natural. México es hogar de seis de las siete especies de tortugas marinas, cuatro de las cuales visitan esta costa.

Aunque a algunas tortugas se les encuentra durante todo el año en las bahías y arrecifes, la temporada de anidación es durante el verano, aproximadamente de Mayo a Octubre. Las Caguamas son las primeras en llegar, y les siguen las Blancas como un mes después. Aunque las Carey se alimentan en los arrecifes de la costa Oriente (o Caribeña) de la Península de Yucatán, prefieren anidar en la costa Norte (del Golfo de México) de la Península. Es muy raro ver a una Laúd, pero cada año se reportan unas cuantas.

Hace apenas unos 50 años, las tortugas marinas subían a las playas de Caribe Mexicano a tomar el sol. Sin embargo, con el desplome de su población y la conversión de las playas en destinos turísticos, este comportamiento ha desaparecido. Actualmente solo las hembras suben a la playa, y solo de noche a depositar sus huevos. Cada nido puede tener entre 80 y 200 huevos, y las hembras pueden anidar más de una vez por temporada. Las hembras no cuidan de los huevos y regresan al mar en cuanto terminan de desovar. Incluso si no encuentran un lugar oscuro y tranquilo donde anidar, los huevos pueden ser tirados al mar.

La incubación dura alrededor de 2 meses, después de los cuales las crías emergen y se dirigen por instinto hacia el mar, donde las esperan muchos depredadores. Las luces artificiales pueden confundirles y dirigirlas en dirección opuesta, hacia edificios y caminos, por lo que es importante que las playas de anidación permanezcan oscuras. Se calcula que tan solo una de cada 100 sobrevive el primer año, y que quizá nada más una de cada 1,000 llega a la madurez. Como adultos están muy bien adaptadas a su entorno y tienen unicamente a dos depredadores: los tiburones y los humanos.

SEA TURTLES

Unlike other turtles, sea turtles cannot retract their head into their shell, which is lighter and more streamlined (flatter) than those of freshwater turtles. They have flippers instead of feet, which allow them to swim at speeds of up to 55 km/h. Like all aquatic reptiles, they must surface to breathe air.

The reefs, seagrass beds and nesting beaches of the Mexican Caribbean offer us unique opportunities to witness these endangered animals in their natural habitat. Mexico is home to six of the seven existing species of sea turtle, four of which visit this coast.

Though some turtles can be found year round in the bays and reefs, nesting season is during the summer months, roughly from May to October. Loggerheads are first to arrive, followed about a month later by Greens. Though Hawksbills feed in the reefs of the Eastern (or Caribbean) coast of the Yucatan Peninsula, they prefer to nest on the Northern (or Gulf of Mexico) side of the Peninsula. Visits by Leatherbacks are extremely rare, but a few sightings are reported every year.

As recently as 50 years ago, sea turtles would come upon the beaches of the Mexican Caribbean to sun themselves. However, as their numbers have plummeted and beaches have become tourist attractions, this behavior has disappeared. Only females come ashore, and only at night to lay their eggs. Each nest can have between 80-200 eggs, and females may lay more than one nest per season. Females do not care for the nest, and return to the sea immediately after laying their eggs. In fact, if a nice, dark & quiet spot cannot be found in which to dig the nest, the eggs may be dumped at sea.

Incubation lasts around 2 months, after which the hatchlings emerge from the eggs and instinctively head for the sea, where many predators await them. Bright lights can confuse hatchlings and send them in the opposite direction towards building and roads, so it is important that nesting beaches be kept dark. It is estimated that only 1 in 100 survives their first year, and that perhaps only about 1 in every 1,000 make it to adulthood. As adults they are remarkably well adapted to their environment and have only two predators: sharks and humans.

TORTUGAS MARINAS

Heidi Hermsmeyer

Crías de Caguama
Loggerhead Hatchlings
Caretta caretta

Existen tortugas marinas desde hace más de 150 millones de años, desde los tiempos de los dinosaurios, pero ahora **todas las especies de tortugas marinas se encuentran ya sea en *Peligro de Extinción* o en *Peligro Crítico de Extinción*.** Las amenazas incluyen su caza furtiva, pérdida de playas de anidación, captura accidental por parte de pescadores, la basura en el mar (sobre la cual pueden ahogarse al confundirla con alimento), y una misteriosa enfermedad (la fibropapiloma) que ha sido vinculada a la contaminación.

Usted puede ayudarlas a sobrevivir manteniendo limpias las playas y apagando luces que den a la playa durante la temporada de anidación (de Mayo a Octubre). Si se topa con una tortuga anidando, por favor no se le acerque y evite alumbrarla.

Esta prohibido matar, capturar, o molestar a las tortugas marinas, así como comerciar con cualquiera de sus productos.

SEA TURTLES

Sea turtles have been around for 150 million years, and were around when dinosaurs ruled the earth, but now **all sea turtle species are either *Endangered* or *Critically Endangered*.** Threats include poaching, loss of nesting grounds, accidental by-catch by commercial fisheries, marine garbage (which they can mistake for food and choke on), and a mysterious illness (fibropapilloma) that has been linked to pollution.

You can help them survive by keeping the beaches clean, and turning off any lights that face the beach during nesting season (May – October). If you encounter a nesting turtle, please do not approach it or shine lights on it.

It is illegal to kill, capture, or harass sea turtles, or to deal in any sea turtle product.

Lilian Tinoco

Torguga Blanca
Green Sea Turtle
Chelonia mydas

TORTUGAS MARINAS:
¿Cómo diferenciarlas?

Las Laúd son las únicas que no tienen caparazón duro, sino una cubierta de piel que les cubre la espalda. Son las más grandes y son inconfundibles por su color negro. Sin embargo es muy poco probable que se encuentre con una en esta costa. (A nosotros aún no nos ha tocado.)

Las Caguama tienen una enorme cabeza, mientras que las Carey tienen una cabeza pequeña y estrecha, con pico como de ave. Si ve una tortuga alimentándose de pastos marinos, es una Blanca, ya que estas son las únicas **herbívoras**.

Pero si no esta seguro de cual es la que tiene en frente, la clave esta en el número de "escudos" en su caparazón y el número de escamas entre los ojos.

Las Caguamas tienen cinco pares de escudos laterales en el caparazón, mientras que las Careyes y Blancas tienen cuatro pares.

Las Blancas tienen dos escamas entre los ojos, mientras que las Carey tienen cuatro.

SEA TURTLES:
How can you tell them apart?

Leatherbacks are the only ones that do not have a hard shell, but rather a leathery cover over their back. They are the largest of all sea turtles and are unmistakable by their predominantly black color. However, it is highly unlikely that you will run into one on this coast. (We never have!)

Loggerheads have a massive head, while Hawksbills are smaller and have narrow head with a "birdlike" beak. If you see a turtle feeding on sea grass, it is a Green, as these are the only **herbivores**.

But if you aren't quite sure what you are seeing, the key is in the number of "scutes" on their shell and the number of scales between their eyes.

Loggerheads have five pairs of lateral scutes on their shell, whereas Hawksbills and Greens have four pairs.

Greens have two scales between the eyes; Hawksbills have four.

1. PRIMERO FIJESE EN EL CAPARAZÓN.
FIRST LOOK AT THE SHELL.

Tania de la Vega

Greg Brown

Si tiene 5 pares de escudos laterales, es una Caguama.

If it has 5 pairs of lateral scutes, it is a Loggerhead.

4 pares de escudos laterales, indican que es Carey o Blanca.

If it has 4 pairs of lateral scutes, it is either a Hawksbill or a Green.

2. DESPUES FIJESE EN LA FRENTE.
THEN LOOK AT THE FOREHEAD.

Lilian Tiinoco

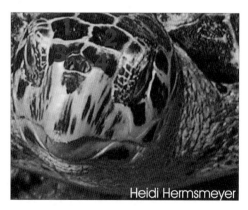

Heidi Hermsmeyer

Si tiene dos escamas entre los ojos, es una Blanca.

If it has 2 scales between the eyes, it is a Green.

Si tiene 4 escamas entre los ojos, es una Carey.

If it has 4 scales between the eyes, it is a Hawksbill.

Tortuga Blanca
Green Sea Turtle
Chelonia mydas

TORTUGAS MARINAS
Tortuga Blanca

Las Blancas pueden pesar hasta 315 kg, y su caparazón puede llegar a medir 1.5 metros. Habitan en todos los océanos tropicales y subtropicales. Los machos son más grandes que las hembras y tienen la cola más larga. Los machos también tienen una "uña" a la mitad de las aletas frontales con la que se agarran a la hembra durante el apareamiento.

Aunque de jóvenes son carnívoras, las adultas se alimentan exclusivamente de pastos marinos y algas, por lo que frecuentemente se les encuentra en aguas someras de las bahías y lagunas. Casi no se les ve durante sus primeros 5 años, pero se cree que habitan en el mar abierto durante este periodo. En promedio alcanzan la madurez entre los 20 y 30 años. No se sabe cuantos años llegan a vivir, pero se calcula que sea por lo menos el doble de eso, y se conocen individuos que han llegado a los 80.

Las Blancas tienden a ignorar a buzos y los toleran mientras no se acerquen demasiado. **La Tortuga Blanca es una especie *en Peligro de Extinción*.**

SEA TURTLES
Green Sea Turtle

Greens can weigh up to 315 kg, and their shell can reach 1.5 meters in length. They inhabit all tropical and subtropical oceans. Males are larger than females and have a longer tail. Males also have a claw midway up their front flippers with which they grab onto females during mating.

Though juveniles are carnivores, adults feed exclusively on seagrass and algae and are commonly found in shallow lagoons and bays. Juveniles are rarely seen during their first 5 years, but are believed to live in open waters. On average they reach maturity between 20-30 years of age. Their average lifespan is unknown but estimated to be at least twice that age, and individuals have been known to reach the age of 80.

Greens seem to take little notice of humans, and will often tolerate the presence of snorkelers or divers as long as they don't get too close. **The Green Sea Turtle is an *Endangered* species.**

David Nuñez

Tortuga Blanca
Green Sea Turtle
Chelonia mydas

118

TORTUGAS MARINAS
Tortuga Carey

El singularmente bello caparazón de esta especie se ha utilizado para hacer joyería, peines, cepillos y otros accesorios durante miles de años. Las Careyes tienen una cabeza estrecha con "pico de pájaro" que utilizan para cazar a su presa (esponjas, medusas y demás invertebrados) en el arrecife. Se les encuentra en todos los mares tropicales y subtropicales y anidan en 60 países. A pesar de que su carne puede ser venenosa (según su dieta), en algunos lugares aún se le considera una delicia.

Estas son las tortugas marinas más pequeñas de ésta costa, y llegan a pesar 60 kg con caparazones que miden 90 cm en longitud. Se calcula que llegan a vivir aproximadamente unos 50 años. **Se encuentran en *Peligro Crítico de Extinción*.**

No son tan fáciles de observar como las Blancas, y más bien tienden a huir de los humanos. Sin embargo, parecen responder a ser ignoradas. Si ve una, puede intentar prolongar su encuentro fingiendo desinterés y evitando nadar hacia ella.

Heidi Hermsmeyer

Tortuga Carey
Hawksbill Sea Turtle
Eretmochelys imbricata

Greg Brown

Tortuga Carey
Hawksbill Sea Turtle
Eretmochelys imbricata

SEA TURTLES
Hawksbill Sea Turtle

The exceptionally beautiful shell of this species has been crafted into jewelry, combs, brushes and other accessories for thousands of years. Hawksbills are named after their narrow, birdlike head and use their sharp beak to pick their prey (largely sponges, jellyfish & other invertebrates) off the reef. They are present in all tropical & subtropical oceans and known to nest in 60 different countries. Despite the fact that their flesh can be poisonous to humans (depending on their diet), they are still considered a delicacy in some parts of the world.

These are the smallest sea turtles on this coast, weighing in around 60 kg with shells that can reach 90 cm in length. Their lifespan is unknown, but estimated at around 50 years. **Hawksbills are considered *Critically Endangered*.**

They are usually not as approachable as Greens and tend to flee the scene as soon as they spot humans. However, they do seem to respond positively to being ignored. If you see one, you can try to prolong the encounter by pretending not to notice and avoiding swimming in its direction.

Deborah Dexter

Tortuga Caguama
Loggerhead Sea Turtle
Caretta caretta

TORTUGAS MARINAS
Tortuga Caguama

Aunque comúnmente se le puede encontrar en buceos sobre el arrecife, rara vez entra a las bahías o lagunas del Caribe Mexicano.

Estas tortugas tienen una cabeza enorme con fuertes quijadas con las que se alimenta de **moluscos** y **crustáceos**. La Caguama viaja distancias mayores que las Blancas y Careyes, y a diferencia de esas dos, se aparea durante sus migraciones. Alcanza la madurez alrededor de los 35 años y se conocen individuos que han llegado a los 100 años. Se cree que las Caguamas pasan sus primeros años entre las algas del Mar de Sargaso.

Al igual que las demás tortugas, se le ha cazado durante toda nuestra historia por su carne, huevos, grasa y caparazón. Actualmente la mayor amenaza a su supervivencia es la captura accidental en redes de pesca, que cada año mata a decenas de miles de Caguamas en migración. **Las Caguamas son consideradas una especie *en Peligro de Extinción*.**

SEA TURTLES
Loggerhead Sea Turtle

Though commonly encountered on scuba dives on the reef, it rarely ventures into the bays and lagoons of the Mexican Caribbean.

These turtles have a massive head with powerful jaws used to feed on shellfish (conch, clams, and crabs). It has a wider range and travels farther than either Greens or Hawksbills, and unlike the previous two, it mates during migration. They reach maturity at around 35 years of age, and individuals have been known to live over 100 years. It is believed that Loggerheads spend their early years hiding out among the floating seaweeds of the Sargasso Sea.

Like other sea turtles, it has been hunted throughout history for its meat, eggs, fat and shell. The biggest current threat is its accidental capture by commercial fisheries, which kills tens of thousands of migrating Loggerheads each year. **Loggerhead Sea Turtles are listed as an *Endangered* species.**

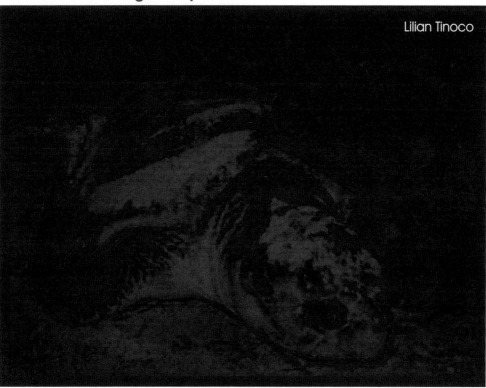

Lilian Tinoco

Tortuga Caguama
Loggerhead Sea Turtle
Caretta caretta

OTROS REPTILES

A nivel mundial existen más de 8,000 especies, y con cerca de 700 México tiene más que cualquier otro país. Tan solo en la Península de Yucatán existen por lo menos 280 especies. Los reptiles incluyen a algunas de las criaturas más antiguas del planeta, con pocos cambios desde los tiempos de los dinosaurios, entre éstas, lagartijas, serpientes, tortugas y cocodrilos.

En Quintana Roo podemos encontrarnos con varias Tortugas Marinas (tratadas en una sección previa), así como varias tortugas terrestres o de agua dulce. También habitan en esta zona dos especies de cocodrilos, así como decenas de lagartijas y de serpientes, algunas de éstas venenosas.

OTHER REPTILES

There are over 8,000 species of reptiles around the world, and with nearly 700 Mexico has more than any other country on Earth. In the Yucatan Peninsula alone there are over 280 species. The reptiles include some of the more ancient creatures on Earth, presenting few changes since the time of the dinosaurs, among are lizards, snakes, turtles and crocodiles.

In Quintana Roo we can find several species of Sea Turtles (dealt with in a previous section), along with several species of freshwater turtles. This region is also home to two species of crocodiles, dozens of lizards and snakes, a few of which are poisonous.

OTROS REPTILES: CUIJAS ó GECKOS

Son pocos los reptiles, fuera de las tortugas, que se pueden llamar lindos, pero algo tienen estas pequeñas lagartijas... Quizá sea ese sonido particular con que se llaman entre sí. O quizá sea su habilidad para caminar de cabeza en el techo, o trepar superficies lisas, como el vidrio. (Los científicos han descubierto que las únicas superficies a las que no se adhieren sus pies, son aquellas cubiertas de teflón.) Pero indudablemente el motivo por el cual frecuentemente son bienvenidos, o por lo menos tolerados, es su dieta constante de insectos domésticos. Otro detalle interesante sobre estos animales es que carecen de párpados, y deben limpiar sus ojos con su lengua.

Greg Brown

CUIJA
GECKO
GEKKONIDAE

OTHER REPTILES: GECKOS

Not many reptiles outside of turtles can be considered cute, but these small lizards somehow pull it off. Maybe its the unique clicking sounds the make to call to other geckos, and which sounds much like their name is pronounced. Or perhaps it's their uncanny ability to walk upside-down on ceilings, and up smooth surfaces such as glass. (Scientists have found that the only surfaces their feet don't stick to are those covered in Teflon!) But undoubtedly the reason they are so often welcome indoors (or at least tolerated), is their steady diet of household insects. Another interesting fact about geckos is that they have no eyelids, and instead must lick their eyes clean.

OTROS REPTILES: IGUANAS

Existen 19 especies distintas de iguanas en México. Y en el Caribe Mexicano es probable que se encuentre con la Verde y la Negra. Sin embargo, el color de ambas especies es variable, y no es la mejor manera de distinguirlas. La palabra "iguana" proviene de "iwana" del idioma de los Tainos, con que los nativos del Caribe llamaban a estas grandes lagartijas.

Las iguanas, al igual que muchas lagartijas, tienen un "tercer ojo" sobre la cabeza. No es un ojo verdadero, y parece más bien una escama más pálida a las demás, pero puede detectar luz y movimiento, y probablemente les ayuda a evadir las aves de rapiña.

Pueden dar latigazos con su cola en defensa propia, y también son capaces de desprenderla (para despues volverla a crecer) para escapar de peligros. Las más grandes pueden llegar a medir hasta 2 metros, con la mitad del total nada más en la cola.

Por ser de sangre fría, comúnmente se les ve tomando el sol para elevar su temperatura corporal. Son diurnas y se alimentan principalmente de frutos, hojas y flores, aunque también pueden comer insectos, pequeños mamíferos (como ratones) y **carroña**.

Las iguanas entierran sus huevos en la arena, depositando entre 20 y 70 a la vez, y ocasionalmente comparten los nidos de cocodrilos. Es común que caven varios nidos falsos para disuadir a depredadores. Aunque son solitarios como adultos, de jóvenes forman agrupaciones defensivas en las que se ha visto que los machos llegan a sacrificarse ante depredadores para defender a las hembras. Son os únicos reptiles en los que se ha notado tal comportamiento.

Dependiendo de la especie, llegan a vivir entre 10-20 años en libertad. En cautiverio tienden a vivir mucho menos.

David Nuñez

La escama más clara sobre la cabeza, entre ambos ojos, funciona como un "tercer ojo" que detecta luz y movimiento.

OTHER REPTILES· IGUANAS

There are 19 different iguana species in Mexico. The two you are most likely to see on the Mexican Caribbean coast are the Green and the Black. Coloration however is highly variable among both species, and is not the best way of telling them apart. Iguanas get their name from the Taino word "iwana", with which Caribbean natives called these large lizards.

Iguanas, like many lizards, have a "third-eye" on the top of their head. It isn't a true eye, and usually looks like a scale that is paler than those surrounding it, but it can sense light and movement, and probably helps them evade birds of prey.

They can whip their tail around in defense, and are also capable of dropping it (and regrowing it later) if they need to make an escape. The largest iguanas can measure about 2 meters in length, with about half of that being tail.

Because they are cold-blooded, they are often seen sunning themselves to raise their body temperature. They are active during the day and feed mostly on fruits, leaves and flowers, though they are also known to eat insects, small animals (such as mice) and **carrion**.

Iguanas bury their eggs in sand, laying between 20-70 at a time, and sometimes sharing nests with crocodiles. They often dig several empty nests also, to confuse potential predators. Iguanas do not care for their young. Though solitary as adults, juveniles may form protective groups, in which males have been noted to defend females from predators. These are the only reptiles known to exhibit such behavior.

Depending on the species, their lifespan can be between 10-20 years in the wild. In captivity they live much less.

The lighter scale on the top of the head, between both eyes, functions as a "third eye" that detects light and movement.

David Nuñez

OTROS REPTILES: IGUANAS
Iguana Verde

De hecho las Verdes pueden ser de color naranja, gris, pardo, azul o rojas, además de verdes. Estas habitan en los árboles y les distingue un gran pellejo bajo la barba, como papada. Tienen largas y filosas garras con las que trepan árboles y son capaces de caer desde alturas de 10 metros sin lastimarse. Aunque pueden tener barras negras sobre la cola, no las tienen sobre el cuerpo.

El gobierno Mexicano considera a la Iguana Verde una especie *Sujeta a Protección Especial*.

Guillermo González

Iguana Verde
Green Iguana
Iguana iguana

OTHER REPTILES: IGUANAS
Green Iguana

Greens can actually be orange, gray, brown, blue or red, in addition to green. These are tree-dwellers , and can be distinguished by the large flap of skin under their chin. They have long, sharp claws with which to climb trees, and have been known to walk away unscathed from a 10 meter fall. Though they may have black bars on their tails, they do not have them on their body.

In Mexico the Green Iguana is considered *Subject to Special Protection* by the federal government.

OTROS REPTILES: IGUANAS
Iguana Negra

Ya sean de color gris, pardo o mostaza, las Negras son de colores sosos y tienen barras negras sobre el cuerpo. Carecen de la "papada" que tienen las Verdes, y prefieren hábitat rocoso. Son las que vemos sobre costas rocosas y asoleándose sobre las ruinas Mayas. La Iguana Negra puede correr a casi 35 km/h, lo cual la convierte en la lagartija más velóz del planeta.

Guillermo González

Iguana Negra
Black Iguana
Ctenosaura similis

OTHER REPTILES: IGUANAS
Black Iguana

Whether olive, gray, tan or brown, Blacks are usually drably colored and have black bars on the body. They also lack the flap of skin under the chin that Greens have. They prefer rocky habitat, and these are the ones we see along rocky coastline, and basking on Mayan ruins. Black iguanas can run at nearly 35 km/hr, making them the fastest lizards on the planet.

OTROS REPTILES: TOLOQUES

En el Caribe Mexicano podemos encontrar varias especies de Toloques. A estas lagartijas las caracteriza una cresta sobre la cabeza y su habilidad de correr sobre el agua. Cuando se le espanta frecuéntemente corre sobre sus dos patas traseras, e incluso puede correr sobre la superficie del agua unos 4.5 metros antes de que comience a hundirse y empiece a nadar. Aunque son más pequeños que las iguanas, siguen siendo lagartijas mayores que pueden llegar a medir hasta 75 cm. Se alimentan principalmente de insectos, flores, huevos y otros pequeños invertebrados.

David Nuñez

TOLOQUE
BASILISK

OTHER REPTILES: BASILISKS

There are several species of basilisks to be found along the Mexican Caribbean. These lizards are characterized by a crest on the head, and by their ability to run on water. When frightened the often run upright on two legs, and can even skim across the surface of water for about 4.5 m before they start to sink and have to swim. Though smaller than iguanas, they are still rather large lizards and can reach total lengths of up to 75 cm. They feed primarily on insects, flowers, eggs and other small vertebrates.

OTROS REPTILES: COCODRILOS

Hay dos especies de cocodrilo en la región, y es muy dificil distinguirlas. Aún los científicos a veces deben examinar los dientes y ciertos huesos para estar seguros. Pero en general el Moreleti tiende a ser mas pequeño y oscuro, mientras que el Americano tiene los picos de la piel más pronunciados. En Chinchorro y Cozumel puede ver los Americanos. En el resto de la región el más abundante es el Moreletti.

Durante el día se les ve asoleándose, pero de noche cazan y se aparean. Al diferencia de las tortugas marinas que abandonan sus nidos, las hembras de cocodrilo cuidan su nido, y ambos, macho y hembra, cuidan de sus crías. Aparte de los humanos, sus enemigos principales son aquellos animales que se alimentan de sus huevos y crías, como son serpientes, algunas aves mayores y mamíferos como el mapache. Pocas crías llegan a la madurez.

Para aliviar la presión sobre poblaciones silvestres, se han autorizado las granjas de cocodrilos.

OTHER REPTILES: CROCODILES

There are two species of crocodile in the region, and they can be very difficult to tell apart. Even scientists may have to examine the arrangement of teeth or certain bones to make sure. But the Mexican crocodile tends to be shorter and darker, while the spikes on the American's skin tend to be more pronounced. At Chinchorro and Cozumel you can find the American, while the Mexican is more abudant in the rest of the region.

During the day they are often seen sunning themselves, but they are nocturnal creatures that hunt, and mate, at night. Unlike sea turtles which abandon their nest once its laid, female crocodiles guard their nests and both males and females care for their young. Other than humans, their main enemies are animals that feed on their eggs and young, such as snakes, larger birds and mammals such as raccoons. Few hatchlings reach adulthood.

To lessen the pressure on wild populations, commercial crocodile farms have now been authorized.

OTROS REPTILES: COCODRILOS
Cocodrilo Moreleti o de Pantano

Hace tan solo 20 años se le consideraba en Peligro de Extinción, pero actualmente se piensa que su población está recuperándose, aunque todavía depende de medidas de conservación para asegurar su viabilidad a largo plazo y está **Sujeto a Protección Especial del Gobierno Mexicano**. Este es el cocodrilo más común en la región, y el que es más probable que pueda ver en la naturaleza, a menos que visite Chinchorro o Cozumel.

Vive en pantanos, lagos, ríos y aguas salobres del sureste de México, Belice y Guatemala. Es el más pequeño de las dos especies de México, y en la región rara vez superan los 2.5 metros- aunque pueden crecer más. Se alimenta de pequeños mamíferos, aves, peces y otros reptiles. Aunque normalmente se muestran tímidos ante la gente, pueden atacar si se les provoca.

Llegan a vivir entre 50 y 65 años. Las hembras construyen un nido en forma de montículo con 3 metros de diámetro y un metro de altura, donde depositan entre 20 y 40 huevos de unos 10 cm de diametro, que se incuban aproximadamente 80 días. El mismo nido puede ser utilizado por más de una hembra.

David Nuñez

Cocodrilo Moreleti
Mexican Crocodile
Crocodylus moreletii

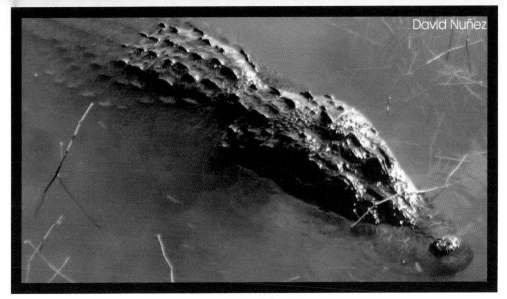

David Nuñez

Cocodrilo Moreleti
Mexican Crocodile
Crocodylus moreletii

OTHER REPTILES: COCODRILOS
Mexican Crocodile

Listed as Endangered as recently as 20 years ago, their population is now considered to be recovering, though still dependent on ongoing conservation measures to ensure its long-term viability. **This species is *Subject to Special Protection* from the Mexican Government**. It is the most common crocodile in the region, and if you've seen a crocodile around here, chances are it was one of these- unless you saw it in Chinchorro or Cozumel.

It lives in freshwater swamps and marshes, large lakes and rivers, and even brackish coastal waters of Southeast Mexico, Belize and Guatemala. It is the smallest of the two species, and rarely reach lengths over 2.5 meters locally- though they can grow larger. It feeds on small mammals, birds, fish and other reptiles. Though generally shy around humans, they may attack if provoked.

They reach maturity around 10 years of age, and have a life span of 50-65 years in the wild. Females will build a mounded nest about 3 meters in diameter and 1 meter high, and lay between 20-40 eggs, each roughly 10 cm in diameter, which take about 80 days to hatch. The same nest may be used by more than one female.

OTROS REPTILES: COCODRILOS
Cocodrilo Americano o de Río

Aunque goza de una mayor distribución geofráfica que incluye además la costa del Pacífico Mexicano, Centroamérica, el norte de Sudamérica, varias islas del Caribe y la punta sur de la Florida, el Cocodrilo Americano está más amenazado que su primo el Moreleti, y **se le considera una especie *Vulnerable.***

Se le encuentra en bocas de riós, esteros y caletas. Sin embargo, también tolera el agua salada y se le puede ver en las playas del atolón de Chinchorro y en los manglares de Cozumel.

El Americano es el mayor de los dos cocodrilos de México y localmente mide en promedio unos 4.5 metros de longitud. Las hembras ponen entre 30 y 60 huevos que incuban durante 90 días. Pueden llegar a vivir hasta 70 años.

Los picos de la espalda son más pronunciados en esta especie. Al igual que su primo, se alimenta de peces, aves, mamíferos y otros reptiles, pero sus presas pueden ser mayores, incluso puede atacar ganado. Pero aún los cocodrilos más grandes se alimentan principalmente de peces. Se le considera un mayor peligro para los humanos que el Moreleti, y los reportes de ataques a personas ocurren con cierta regularidad.

David Nuñez

Cocodrilo Americano
American Crocodile
Crocodylus americanus

David Nuñez

Cocodrilo Americano
American Crocodile
Crocodylus americanus

OTHER REPTILES: COCODRILOS
American Crocodile

Though it enjoys a broader range- including the Pacific coast of Mexico, all of Central America, northern South America, several Caribbean islands and the southern tip of Florida- the American crocodile is more threatened than its Mexican cousin, and **is considered a *Vulnerable* species.**

It is often found at the mouths of rivers, estuaries and lagoons. However, it is also thrives in saltwater and can be found on the beaches of the Chinchorro atoll and the mangroves of Cozumel.

The American is the larger of the two crocodiles in Mexico, and locally averages lengths of 4.5 meters. Females lay between 30-60 eggs, which take about 90 days to hatch. Its lifespan can be up to 70 years.

The spikes on its back are more pronounced in this species. Like its cousin it feeds on fish, birds, mammals and other reptiles, but can go after larger prey, even cattle. It is considered more of a threat to humans than the Mexican crocodile, and reports of attacks are not uncommon.

OTROS REPTILES: TORTUGAS TERRESTRES

Además de las tortugas marinas, la región tiene por lo menos 6 especies de tortugas terrestres o de agua dulce que a veces son confundidas por crías de tortugas marinas por turistas mal-informados que intentan "regresarlas" al mar. Si la tortuga tiene piernas y garras en vez de aletas, pertenece a tierra firme.

David Nuñez

Tortuga Mojina
Furrowed Wood Turtle
Rhynoclemmys areolata

OTHER REPTILES: FRESHWATER TURTLES

In addition to sea turtles, the region has at least 6 different land or freshwater turtles which are sometimes confused for baby sea turtles by ill-informed tourists that attempt to "return" them to sea. If the turtle has legs and claws, instead of flippers, it belongs on land.

OTROS REPTILES: SERPIENTES

El Caribe Mexicano es hogar de más de dos docenas de serpientes, incluidas boas, cascabeles y coralillos. Pocas son venenosas, pero aun éstas tienden a huir si les dejamos escapatoria, ya que el disgusto que nos causan es mutuo. Mantenga su distancia y haga mucho ruido. Si es mordido, busque atención medica de inmediato.

David Nuñez

Coralillo (Venenosa)
Coral Snake (Poisonous)
Micrurus diastema

Culebra de Yucatan
Yucatan White Lipped Snake
Symphimus mayae

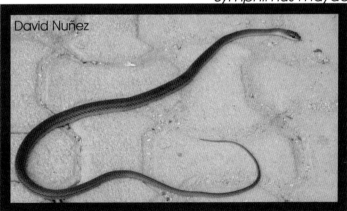
David Nuñez

OTHER REPTILES: SNAKES

The Mexican Caribbean is home to over two dozen different snakes, including boas, rattlers and coral snakes. A few are poisonous, but even these don´t like us anymore than we like them and will usually flee from humans if we allow them an escape route. Keep your distance, and make lots of noise. If bitten, seek immediate medical attention.

MAMÍFEROS

Los mamíferos deben su nombre a las glándulas mamarias con que alimentan a sus crías. Existen por lo menos 5,400 especies a nivel mundial, que incluyen desde roedores hasta ballenas y primates, incluyendo al hombre.

Con casi un 10% del total de especies conocidas, México es el tercer país con más mamíferos. Aproximadamente 100 de estas pueden encontrarse en el Caribe Mexicano, desde ratones y murciélagos hasta jaguares y delfines.

Los encuentros en la naturaleza son muy improbables, ya que la mayoría prefieren el cobijo de la selva espesa y son nocturnos. Los encuentros con especies marinas- delfines y manatí- son un poco más comuneses, particularmente cerca de Holbox, Sian Ka'an y la Bahía de Chetumal. Incluso a veces se les puede ver desde los transbordadores a Cozumel e Isla Mujeres. Por favor evite apoyar actividades que involucren la remoción de estos animales de su hábitat natural para entretener a turistas.

MAMMALS

Mammals get their name from the mammary glands with which they feed their young. There are at least 5,400 different mammal species, ranging from rodents to whales to primates, which include mankind.

With nearly 10% of all known species, Mexico ranks third among countries with the most mammals. Approximately 100 of these can be found along the Mexican Caribbean, and include everything from mice and bats, to jaguars and dolphins.

Sightings in the wild however are very rare as most mammals prefer the cover of thick jungle and are nocturnal. Encounters with marine species- dolphins and manatee- are a bit more likely, particularly around Holbox, Sian Ka'an and Chetumal Bay. They may even be seen occasionally from the ferries to Cozumel and Isla Mujeres. Please avoid activities which involve the removal of these animals from their native habitat in order to entertain tourists.

MAMÍFEROS: MAPACHES

Los mapaches son inconfundibles por su "máscara" y los anillos en su cola. Todos los mapaches tienen manos extremadamente hábiles, y sus nombres tanto en Inglés como en Español hacen referencia a esta destreza. La palabra "racoon" en Inglés está derivada de "ahrah koonem" que en Algonquino significa "el que frota sus manos"; mientras que "mapache" proviene del Nahuatl "mapachitli", que significa "el que agarra".

Son omnívoros, lo que significa que comen de todo: insectos, frutas y verduras, peces, **crustáceos**, huevos, basura y **carroña**. Son nocturnos y tienen una inteligencia notable, incluso comparable a la de algunos primates. En cautiverio pueden llegar a vivir hasta 20 años, pero en la naturaleza el promedio es mas cercano a los 12 años.

Existen por lo menos tres especies y varias subespecies, aunque aún se debate cuales pertenecen en que categoría. Todos los mapaches son nativos de las Américas, aunque algunos han sido introducidos a partes de Europa y Asia.

MAMMALS: RACOONS

Racoons are instantly recognizable by their "face-mask" and ringed-tail. All raccoons have extremely agile hands, and their names in both English and Spanish are derived from Native American words that refer to this dexterity. The word "racoon" is derived from the Algonquin "ahrah koonem", loosely translated as "one who rubs its hands"; while the Spanish word "mapache" is derived from the Nahuatl "mapachitli", roughly meaning "one that grabs".

Racoons are omnivores, meaning they feed on everything, including insects, fruits and vegetables, fish and **crustaceans**, eggs, garbage and **carrion**. They are active at night, and have a remarkable intelligence comparable to that of some primates. In captivity they can live up to 20 years, but usually only about 12 years in the wild.

There are at least three different species and several subspecies, though there is some debate on which qualify for what category. All raccoons are native to the Americas, though some have been introduced in parts of Europe and Asia.

Mapache Cozumeleño
Cozumel Raccoon
Procyon pygmaeus

Tania de la Vega

Mapache Común
Northern Raccoon
Procyon lotor

MAMÍFEROS: MAPACHES

En la Península de Yucatán habita el **Mapache Común** (*Procyon lotor*), que es el mismo que encontramos en el resto de México, los EUA y el sur de Canadá. Este mapache no está amenazado, e incluso durante el siglo XX tuvo una explosión demográfica, probablemente debida a la expansión de la agricultura y la eliminación de sus depredadores.

En Cozumel encontramos al **Mapache Cozumeleño** (*Procyon pygmeus*), también conocido como Mapache Pigmeo, por ser mucho más pequeño. **Al Mapache Cozumeleño se le considera en *Peligro Crítico de Extinción***, y se calcula que tan solo quedan entre 200 y 300. Las amenazas principales a su supervivencia son la pérdida de su hábitat costero al desarrollo inmobiliario, los atropellos en carretera, y la introducción de especies como boas, gatos y perros que además de cazar al mapache, compiten por alimentos y son portadores de enfermedades que afectan a los mapaches, como la rabia y el moquillo.

MAMMALS: RACOONS

On the mainland we find the **Northern Raccoon** (*Procyon lotor*) which is the same raccoon found throughout the rest of Mexico, the US and Southern Canada. This raccoon is not threatened, and in fact increased its range and underwent a population explosion during the 20th Century, presumably due to the expansion of agriculture and the elimination of predators.

On Cozumel we find the much smaller **Cozumel Raccoon** (*Procyon pygmaeus*), also known as the Pygmy Raccoon because it is much smaller. **The Cozumel Raccoon is considered to be *Critically Endangered***, and it is estimated that only around 200-300 remain. The major threats are loss of habitat due to coastal development, highway deaths, and the introduction of other species, such as boas, cats and dogs, which not only prey on raccoons, but also compete for food, and are carriers of diseases to which raccoons are susceptible- such as rabies and distemper.

MAMÍFEROS: COATIS O TEJONES

Al igual que con sus primos los mapaches, tenemos una especie Peninsular, el **Coatí de Nariz Blanca** (*Nasua narica*) y una versión isleña más pequeña, el **Coatí Cozumeleño** (*Nasua nelsoni*), aunque aún se debate si realmente son o no especies distintas. **El Gobierno Mexicano sí reconoce al Cozumeleño como especie aparte y la considera** *Amenazada*.

Existen otras dos especies en Sudamérica, y al igual que los mapaches, deben su nombre a un idioma indígena, en este caso al Guaraní, en que "coa" significa "largo" y "ti" significa "nariz", por su hocico alargado.

Son altamente sociables y forman grupos de hasta 20 individuos. Tienen una cola larga que frecuentemente elevan en vertical para ubicarse unos a otros. Los machos mayores tienden a ser solitarios y únicamente se unen a la tropa durante le temporada de apareamiento.

Al igual que los mapaches, comen un poco de todo, incluyendo insectos, huevos y carroña, pero muestran...

MAMMALS: COATIS OR COATIMUNDIS

As with their cousins the raccoons, we have a mainland species, the **White Nosed Coati** (*Nasua narica*) and a smaller island variant, the **Cozumel Coati** (*Nasua nelsoni*), though there is some debate on whether they are truly different species or not. **The Cozumel Coati is recognized as a separate species by the Mexican Government, which considers it to be** *Threatened*.

There are two more South American species, and like raccoons, Coatis also get their name from a Native American language, in this case from the two Guaraní words "coa", meaning long, and "ti", meaning nose, in reference to its distinctive snout.

They are highly social & form troops of up to 20 individuals and have a long tail which often sticks straight up and helps them keep track of each other. Older males tend to be solitary and only join the groups during mating season.

Like raccoons they eat a bit of everything, including insects, eggs, and **carrion**, but show a preference for fruits and vegetables which leads ...

MAMÍFEROS: COATIS O TEJONES

... una preferencia por las frutas y verduras, por lo cual algunos agricultores los consideran una verdadera plaga.

Generalmente mas largos y esbeltos que los mapaches. Llegan a medir 30 cm de altura y 1.4 metros de longitud (incluyendo la cola). A diferencia de los mapaches, son diurnos, y generalmente se muestran más activos por la mañana y al atardecer. Sin embargo, aquellos acostumbrados a visitar los cultivos o basureros humanos frecuentemente adoptan costumbres nocturnas.

MAMMALS: COATIS OR COATIMUNDIS

...some farmers to consider them a serious nuisance.

These expert climbers and jumpers are usually longer and more slender than raccoons, reaching heights of about 30 cm, and lengths (including the long tail) of up to 1.4 m.

Unlike raccoons, they are usually active during the day, particularly in early morning and late evening. However, those accustomed to raiding human crops and garbage for food may become more nocturnal.

Lucy Gallagher

Coatí de Nariz Blanca
White Nosed Coati
Nasua narica

MAMÍFEROS: VENADOS

A nivel mundial existen más de cuarenta miembros de la familia de los Ciervos, con varias especies (y aún más subespecies) en México. Los venados son herbívoros que se alimentan principalmente al amanecer y atardecer.

Aunque antaño la Península de Yucatán era conocida como la "Tierra del Faisán y del Venado", la caza excesiva ha hecho que estos gráciles animales sean cada vez más escasos. Se han establecido granjas de venados para intentar aliviar la presión sobre las poblaciones silvestres.

El **Venado Cola Blanca** (*Odocoileus virginianus*) habita desde Sudamérica hasta el norte de Canadá. Además de su cola blanca, tiene la panza blanca, mientras que el resto del cuerpo es pardo o rojizo dependiendo de la temporada. Sus crías tienen manchas blancas durante sus primeros meses. La osamenta de este venado es ramificada. Al igual que con los mapaches, la población de Colas Blancas ha aumentado dramáticamente (especialmente en EUA y Canadá) debido a la eliminación de sus depredadores.

MAMMALS: DEER

There are over forty members of the Deer Family worldwide, with several species (and numerous subspecies) to be found in Mexico. Deer are herbivores, that feed mainly around dawn and dusk. They are excellent jumpers and swimmers.

Though the Yucatan Peninsula was formerly known as the "Land of Deer and Pheasant", overhunting has taken its toll and these graceful animals are increasingly rare. Commercial deer farms have now been established in an attempt to relieve the pressure on wild populations.

The **White-Tailed Deer** (*Odocoileus virginianus*) enjoys a broad range that stretches from South America to Northern Canada. In addition to its white tail, it has a white belly, while the rest of the body is tan or reddish brown, depending on the season. Its young have white spots during the first few months of life. The antlers on White-tailed are branched.

As with raccoons, overall white-tailed deer populations have increased significantly, primarily in the USA and Canada due to the elimination of its predators.

MAMÍFEROS: VENADOS

Ya que goza de una población saludable a lo largo de una amplia distribución geográfica, no se le considera una especie amenazada a pesar de que en años recientes muchas sub-poblaciones locales se han desplomado debido a la caza excesiva, como es el caso en la Península de Yucatán.

El **Venado Cabrito o Temazate** (*Mazama pandora*) tiene una distribución geográfica mucho menor, limitada a la Península de Yucatán, Belice y el norte de Guatemala. Es más pequeño que el Cola Blanca y tiene osamenta recta y corta. **Se le considera una especie Vulnerable.**

MAMMALS: DEER

Because of a healthy population across its broad range, it is not considered a threatened species, despite the fact that many localized populations have plummeted in recent times due to overhunting, as is the case in the Yucatan Peninsula.

The range of the **Yucatan Brown Brocket Deer** (*Mazama pandora*) is much smaller, and is limited to the Yucatan Peninsula, Belize and Northern Guatemala. This deer is smaller than the White-Tailed and has shorter, unbranched antlers. **It is listed as a *Vulnerable* species.**

David Nuñez

Cría de Venado Cola Blanca
White Tailed Deer fawn
Odocoileus virginianus

MAMÍFEROS:
Mono Araña Yucateco

Los monos Araña tienen una inteligencia superior a la de gorilas, y cerebros del doble del tamaño de los de los monos aulladores. Estos monos carecen de pulgares, y en cambio tienen una mano de cuatro dedos bien adaptada a agarrarse de las ramas. También su cola puede agarrar, y la usan muchas veces como un quinto brazo.

Aunque su pequeño cuerpo mide unos 50 cm, la cola puede llegar a medir hasta 80 cm. Pasan la mayor parte del tiempo entre la copa de los árboles, y requieren de grandes extensiones territoriales para encontrar alimento. Comen principalmente frutas y nueces, y sabemos que su dieta puede incluir unas 150 plantas distintas. Juegan un papel importante en la dispersión de semillas por toda la selva. Por ello se le considera un "**bioindicador**". Dan a luz a una cría cada 2 a 4 años, y llegan a vivir alrededor de 20 años.

El Mono Araña Yucateco es una subespecie regional del Mono Araña de Geoffroy (*Ateles geoffroyii*) que por la pérdida de su hábitat, **se le considera una especie en *Peligro de Extinción***. En nuestra opinión los mejores lugares para ver estas criaturas (mientras todavía se pueda) son los Jardines Botánicos de Puerto Morelos, donde tienden a reunirse hacia el atardecer, junto antes de que cierre el parque; y en la Reserva del Mono Araña de Punta Laguna, donde las posibilidades de un encuentro son mayores temprano por la mañana.

David Nuñez

Mono Araña Yucateco
Yucatan Spider Monkey
Ateles geoffroyi yucatanensis

David Nuñez

Mono Araña Yucateco
Yucatan Spider Monkey
Ateles geoffroyi yucatanensis

MAMMALS:
Yucatan Spider Monkey

The Spider Monkeys rank above gorillas in intelligence tests, and have brains twice the size of that of the Howler Monkey. They lack thumbs, and instead have a four-fingered hand well adapted to swinging from limbs. Their long tail is also used for grabbing, and is used much like a fifth arm.

While their body size is usually around 50 cm, their tails can reach over 80 cm in length. They spend most of their time in the forest canopy, and require large territories to forage for their meals. As such it is considered and "**indicator species**". They eat mostly fruits and nuts, and their diet is known to include up to 150 different plants. They are very important as seed dispersers in the jungle. They give birth to one infant every two to four years, and have a lifespan of around 20 years.

The Yucatan Spider Monkey is a regional subspecies of Geoffroy´s Spider Monkey (*Ateles geoffroyii*), that due to loss of habitat **is considered an *Endangered* species.** In our opinion the best places to see these creatures (while you still can) are the Botanical Gardens at Puerto Morelos, where they tend to regroup at the end of the day just before closing time; and at the Punta Laguna Spider Monkey Reserve, where you need to arrive early in the morning for the best chance of an encounter.

MAMÍFEROS:
Mono Aullador Yucateco

Los Aulladores deben su nombre a sus potentes rugidos, que pueden escucharse a kilómetros de distancia. Son más grandes y más pesados que los Monos Araña, con cuerpos que llegan a medir 90 cm y colas de la misma longitud. Llegan a vivir hasta 20 años. Tienen dos dedos opuestos a los otros tres, y podría decirse que su mano tiene dos pulgares.

Se alimentan de hojas y frutos y al igual que los Araña, juegan un papel importante en la regeneración de la selva por su dispersión de semillas. Son los menos activos y juguetones de todos los monos, y descansan un 80% del tiempo.

Rara vez bajan de los árboles, y viven en grupos de tamaño variable en que las hembras superan a los machos en proporciones de 4 a 1. Dan a luz a una cría cada dos años y llegan a vivir hasta 25 años.

El Mono Aullador Yucateco vive únicamente en la Península de Yucatán, Belice y Guatemala. **Se le considera una especie *en Peligro de Extinción*.** La amenaza principal a su supervivencia es la fragmentación y pérdida de su hábitat.

David Nuñez

Mono Aullador Yucateco
Yucatan Howler Monkeys
Aloutta pigra

David Nuñez

Mono Aullador Yucateco
Yucatan Howler Monkeys
Aloutta pigra

MAMMALS:
Yucatan Howler Monkey

Named after their loud roar which can be heard several kilometers away, Howlers are larger and heavier than Spider Monkeys, with bodies that can reach 90 cm, and tails equally long. Their lifespan is around 20 years. They have two fingers that oppose the other three, so in sense each hand has two thumbs.

They feed on leaves and fruit, and like Spider Monkeys, they play an important role in the regeneration of jungle plants through seed dispersal. They are the least active or playful of all monkeys, and rest about 80% of the time.

They rarely come down from the trees, and live in groups of variable sizes in which females usually outnumber males 4-to-1. They give birth to one infant every two years, and have a lifespan of about 25 years.

The Yucatan Howler Monkey is found only in the Yucatan Peninsula, Belize and Guatemala. **It is listed as an *Endangered* species.** The main threat is loss of habitat to deforestation and fragmentation.

MAMÍFEROS:
Tzereque o Guaqueque o Agoutí

El gracioso Tzereque, con sus pequeñísimas patas delanteras y enorme trasero nos hace reir cada que lo vemos correr. Puede llegar a medir 62 cm de largo y a pesar 4 kg. Es un animal diurno que se alimenta de frutas que sostiene con las patas delanteras mientras reposa sobre las traseras. Entierra frutos que no consume por lo que juega un papel importante en la dispersión de semillas. Los tzereques forman parejas monógamas de por vida que defienden un territorio de aproximadamente 2 hectáreas. Construyen madrigueras en troncos huecos o bajo raíces de árboles. Llegan a vivir unos 13 años.

David Nuñez

Tzereque
Agouti
Dasyprocta punctata

MAMMALS:
Central American Agoutí

This funny creature, with tiny front legs and an enormous rump, makes us laugh every time we see it run. The Agouti can measure up to 62 cm in length and weigh 4 kg. It is active during the day and feeds on fruit, usually holding it in its front paws as it sits on its hind quarters. It buries excess fruit and plays an important role in seed dispersal. Agoutis mate for life in monagamous pairs which defend a territory of about 2 hectares. They build dens out of hollowed out logs or under roots. Their lifespan is about 13 yrs.

MAMÍFEROS:
Manatí del Caribe

De las cuatro especies de manatí en el mundo, el del Caribe es el más grande, y en promedio mide 3 m y pesa entre 400-600 kg. Su pariente más cercano es el elefante, y a diferencia de otros mamíferos marinos aún conserva uñas en las aletas. Se alimenta principalmente de pastos marinos y otra vegetación. Es un animal solitario que solo se congrega durante la temporada reproductiva. Son migratorios y se les encuentra desde EUA hasta Brasil. En el Caribe Mexicano cada vez son más escasos, aunque aún es posible verles en la Reserva de Sian Ka'an y en el Santuario del Manatí en la Bahía de Chetumal. En ambas localidades prefieren aguas turbias que dificultan su observación.

El docil manatí carece de enemigos naturales, pero sufre a manos del hombre. Además de ser cazado, puede morir por ingerir basura o anzuelos, al quedar enredado, o al ser golpeados por lanchas de motor. **Aunque a nivel internacional se le considera una especie *Vulnerable*, en México se le considera *en Peligro de Extinción*.**

MAMMALS:
West Indian Manatee

Of the four existing manatee species in the world, the West Indian is the largest and averages lengths of 3 m and weights of 400-600 kg. Its closest relative is the elephant, and unlike other marine mammals it still has nail on its flippers. It feeds primarily on seagrasses and other vegetation. It is a solitary animal that only congregates during mating season. They are migratory and can be found from the USA to Brazil. Along the Mexican Caribbean they are increasingly rare but can still be found in the Sian Ka'an Reserve and at the Manatee Sanctuary in Chetumal Bay. At both locations they prefer murky waters that make their observation difficult.

The gentle manatee lacks any natural predators, but suffers from mankind. In addition to poaching, they may be killed by ingesting trash or fishing-hooks, by getting entangled in nets, or being hit by motor-boats. **Internationally they are considered a *Vulnerable* species, but in Mexico it is considered *Endangered*.**

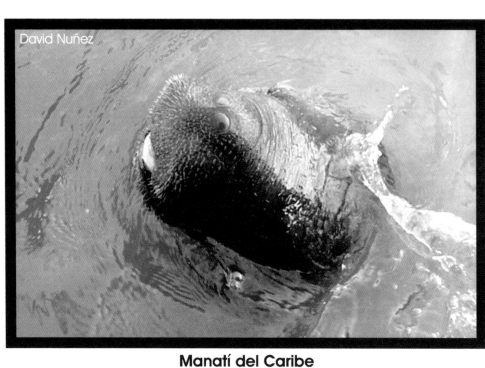

David Nuñez

Manatí del Caribe
West Indian Manatee
Trichechus manatus

David Nuñez

Delfín Nariz de Botella
Bottlenose Dolphin
Tursiops truncatus

MAMIFEROS: DELFINES

A nivel mundial existen casi 40 especies de delfines, incluyendo algunas de agua dulce. En el Caribe el más comúnmente visto es el Nariz de Botella (*Tursiops truncatus*), pero también encontramos el Manchado (*Stenella frontalis*) y el Tornillo (*Stenella longirostiris*).

Los delfines son altamente inteligentes que a diferencia del manatí demuestran estructuras sociales altamente complejas. Incluso cuidan de sus enfermos, y de los de otras especies. Se les ha visto protegiendo a humanos de tiburones. Normalmente se les encuentra en familias de hasta 12 individuos, pero igual pueden formar agrupaciones de cientos. Otra diferencia con el manatí es que todos los delfines son carnívoros.

Es más fácil verlos en cautiverio que libres en su hábitat natural. Pero para quienes realmente aman a los delfines, existen buenas oportunidades de avistamientos de delfines silvestres, particularmente en Sian Kaan y Holbox.

Todos los delfines están protegidos en México.

MAMMALS: DOLPHINS

Worldwide there are nearly 40 different dolphin species, including some freshwater species. In the Caribbean the most commonly seen is the Bottlenose (*Tursiops truncatus*), though the Spotted (*Stenella frontalis*) and Spinner (*Stenella longirostiris*) are also found.

Dolphins are highly intelligent and unlike manatees they have highly complex social structures. They even care for their ill, and those of other species. They have been seen protecting humans from sharks. They are usually found in families of up to 12 individuals, but may also form larger groups of hundreds. Also unlike manatees, all dolphins are carnivores that feed on fish and squid.

It is easier to see them in captivity than free in their natural habitat. But for those who truly love dolphins there are good opportunities for spotting wild dolphins, particularly around Holbox and Sian Kaan.

All dolphins are protected in Mexico.

AVES

México tiene más de mil especies de aves, y en el Caribe Mexicano podemos encontrar a cerca de trescientas.

Al igual que en las demás secciones, nos hemos enfocado en aquellas especies más fáciles de identificar, lo cual en este caso significa las grandes aves acuáticas que podemos observar cerca de la costa, particularmente entre manglares. Aunque tambien hemos incluido algunos pájaros selváticos.

Recomendamos un tour en kayak en la Reserva de la Biósfera de Sian Ka'an, y si el tiempo se lo permite, una visita a las colonias de Flamencos en Ría Lagartos y Ría Celestún, en las costas Norte y Occidente de la Península de Yucatán. (En cualquier caso, trate de contratar el tour con operadores locales.)

Los verdaderos aficionados a las aves también disfrutaran de pajarear entre los numerosos sitios arqueológicos de la región.

BIRDS

There are over one thousand different bird species to be found throughout Mexico, with more than three hundred to be seen along the Mexican Caribbean Coast.

As with other sections, we have focused on those species that are more easily identified, which in this case means the larger waterfowl often seen along the coast, particularly in the mangrove forests. Though we have also included a few smaller woodland birds.

We recommend a kayak tour through the Sian Ka'an Biosphere Reserve, and if time allows, a visit to the Flamingo colonies at Ria Lagartos and Ria Celestun, on the Northern and Western coasts of the Yucatan Peninsula. (In either case try to book through local outfitters.)

True enthusiasts will also enjoy birding throughout the region's numerous archaeological sites.

AVES:
Garza Nivea

Una de las aves más bellas de la región es aún más impresionante durante la temporada de anidación cuando exhibe largas y filamentosas plumas finas en la nuca, pecho y punta de las alas. Forma pareja de por vida, y anida en colonias mixtas con otras garzas. A veces se le ve revolviendo el agua con una pata estirada para espantar a su presa.

Guillermo González

Garza Nivea
Snowy Egret
Egretta thula

BIRDS:
Snowy Egret

One of the most beautiful birds in the región is even more beautiful during nesting season, when it shows long, thin and lacy feathers at the back of the neck, breast and tips of the wings. It mates for life, and nests in mixed colonies with other egrets and herons. It is sometimes seen stirring the water with an outstretched leg to startle its prey.

AVES:
Ibis Blanco Americano

Los Ibises (de los cuales existen casi 30 especies) son parientes cercanos de las Espátulas, y comparten los mismos hábitos reproductivos. Los machos reunen materiales con que las hembras construyen el nido, y ambos incuban los huevos y cuidan de sus crias. Tambíen son muy sociables y forman colonias mixtas con otras especies, como son Espátulas y Garzas. Tienen un pico estrecho y curvo con el que pican fondos lodosos en busca de **crustáceos**, caracoles y gusanos. Aunque su pico normalmente es rojizo, se vuelve más obscuro, incluso negro, durante la temporada reproductiva. Los jóvenes son pardos con panza blanca.

David Nuñez

Ibis Blanco Americano
American White Ibis
Eudocimus albus

BIRDS:
American White Ibis

ibises (there are nearly 30 species worldwide) are closely related to Spoonbills, and share similar nesting and breeding habits. Males gather nesting material, females build the nest in a tree, and both incubate their eggs and care for their young. They also are very social and form mixed colonies with other species, such as spoonbills and herons. They have a long, narrow and curved bill with which they probe muddy bottoms for crustaceans, snails, worms and other prey. Though their bill is usually red, it can darken to black during mating season. Their young are brown with white bellies.

AVES:
Cigüeña Americana

La Cigüeña Americana llega a medir 1.15 m, a pesar 2.5 kg y vive entre 10 y 20 años. Se alimenta de peces, ranas, caracoles e insectos a los cuales espera pacientemente con su boca abierta en el agua hasta que uno le pasa enfrente. Cuando esto sucede cierra el pico con uno de los reflejos más veloces jamás observados entre vertebrados. Para atraer a su presa, puede crear sombra extendiendo sus alas. Puede formar parejas de por vida, y se reproduce en colonias. Se le considera un **bioindicador** cuya presencia refleja la salud general del ecosistema. **En México está _Sujeta a Protección Especial_**.

David Nuñez

Cigüeña Americana
Wood Stork
Mycteria americana

BIRDS:
Wood Stork

Wood Storks grow to heights of 1.15 m, can weigh 2.5 kg and have a lifespan between 10-20 years. They feed on fish, frogs, snails, & insects by waiting patiently with their mouths open in the water, waiting for prey to swim by. When it does, the bill snaps shut in one of the fastest reflexes ever recorded among vertebrates. To attract prey, they spread their wings to create a shady area. They may mate for life, and do so in colonies. It is also widely considered an **indicator species** whose presence reflects on the overall health of the ecosystem. **In Mexico this species is _Subject to Special Protection_**.

AVES:
Garzón Azulado

El Garzón Azulado llega a medir 1.4 metros de altura y pesa entre 2 y 3 kg. Es un pescador y cazador experto, que tiende a ser solitario fuera de la temporada reproductiva. Anida en árboles y pone varios huevos a la vez. Llega a vivir entre 15-20 años.

Su largo y afilado pico es utilizado para lanzar una variedad de presas: peces, caracoles insectos, víboras, ranas, salamandras, roedores e incluso aves más pequeñas. Cazan solos, normalmente al amanecer y atardecer, pero se reproducen en grandes colonias. A pesar de la protección del grupo, los depredadores se aseguran de que tan solo un tercio de sus crías sobrevivan el primer año.

BIRDS:
Great Blue Heron

The Great Blue Heron can measure up to 1.4 m in height and weighs between 2 and 3 kg. They are expert fishers and hunters, that tend to be solitary except during the mating season. They nest in trees, and lay several eggs at a time. Their lifespan is between 15-20 years.

Their long sharp beak is used to spear a variety of prey, including fish, snails, insects, snakes, frogs, salamanders, rodents and even small birds. They hunt alone, predominantly around dawn and dusk, and breed in large colonies. Despite this group protection, predators ensure that only about a third of hatchlings survive the first year.

David Nuñez

Garzón Azulado
Great Blue Heron
Ardea herodias

AVES:
Garza Tigre Mexicana

Existen seis especies de Garza Tigre, y deben su nombre a sus plumas rayadas. Conocemos muy poco de ellas, ya que tienden a ser animales tímidos que huyen de los humanos. La Mexicana es quizá la más visible de todas las Tigres. Sin embargo, es un animal solitario que no forma colonias como lo hacen las otras garzas, ni siquiera para reproducirse. También es nocturna, lo cual dificulta aún más su estudio. Sus nidos son plataformas relativamente planas en árboles cercanos al agua, en los que ponen 2 o 3 huevos verdes. **En México está** *Sujeta a Protección Especial*.

BIRDS:
Bare Throated Tiger Heron

Named for their striped feathers, there are six species of Tiger Heron worldwide. Not much is know about them, as they tend to be shy creatures that flee from human contact. Also known as the Mexican Tiger Heron, the Bare Throated is perhaps the most visible of the Tiger Herons. Still, it is a solitary animal and does form colonies as do other herons, not even for mating. It is also a nocturnal hunter, making it even harder to study. Their relatively flat nests, with 2 or 3 greenish eggs, are usually found in trees near water. **In Mexico this species is** *Subject to Special Protection*.

David Nuñez

Garza Tigre Mexicana
Bare Throated Tiger Heron
Tigrisoma mexicanum

David Nuñez

Garza Cucharona
Boat-billed Heron
Cochlearius cochlearius

AVES:
Garza Cucharona

La inconfundible cucharona es nocturna, pero frecuentemente se le ve durante el día descansando entre mangles. Además del enorme pico al que debe su nombre, la Cucharona tiene unos ojos grandes que le ayudan a detectar su presa en la oscuridad. Se alimentan de insectos, **crustáceos**, ranas y peces. Pueden llegar a medir unos 54 cm.

Al igual que otras garzas, macho y hembra comparten las responsabilidades de construir el nido, incubar los huevos y cuidar de sus crías. Pero a diferencia de la mayoría de las garzas que tienden a abandonar un nido amenazado, las Cucharonas defienden a sus crias. Otro hábito inusual entre las garzas es su costumbre de cazar solas. Por estas razones, y por su pico tan singular, los **ornitólogos** debaten si realmente es o no una garza.

BIRDS:
Boat-billed Heron

The instantly recognizable Boatbill is mostly nocturnal, but is often enough seen roosting in mangroves during the day. In addition to the large beak which gives it its name, the Boatbill has large eyes, useful in detecting prey at night. Boatbills feed on insects, crustaceans, frogs and fish. They can reach heights of around 54 cm.

As do other herons, male and female Boatbills share the responsibilities of nest building, egg incubation and caring for their young. Unlike other herons which tend to abandon nests when faced with intruders, the Boatbills will defend their young. Also unusual among herons is its habit of feeding alone. For these reasons, and for its un-heronlike beak, there is some debate among **ornithologists** on whether the Boatbill is truly a heron or not.

AVES:
Garza Verde

La garza verde es una de las garzas más pequeñas. Y una de las aves más interesantes por su evidente inteligencia. Es una de las pocas especies animales en las que se ha demostrado el uso de herramientas, en este caso, para pescar. Frecuentemente se le ve colocando carnada o señuelos en el agua para atraer a su presa, a la cual espera completamente inmóvil, parado en una rama sobre el agua. Al acercarse lo suficiente el pez (ó rana ó insecto) estira lentamente el cuello, como apuntando la cabeza, y se lanza al agua para capturar a su presa.

David Nuñez

Garza Verde
Green Heron
Butorides virescens

BIRDS:
Green Heron

The Green Heron is one of the smaller herons. And one of the most interesting birds due to its apparent intelligence. It is one of the few animal species known to use tools, in this case, for fishing. It is commonly seen placing bait or lures in the water to attract its pray, then waiting for it completely still on a branch above the water. When the fish (or frog or insect) gets near enough, its slowly stretches its neck, as if taking aim, and plunges into the water to catch its prey.

AVES:
Garza Tricolor

La tricolor es la única garza de color oscuro con vientre blanco. Su pecho es rojizo y el resto del cuerpo es de un tono gris azulado. Llega a medir unos 56 cm de largo, 96 cm entre punta y punta de las alas y a pesar unos 350 gramos. Al igual que con otras garzas, ambos macho y hembra cooperan en la construcción del nido y el cuidado de sus crías. A veces se les puede ver corriendo en aguas someras, persiguiendo su presa.

David Nuñez

Garza Tricolor
Tricolored Heron
Egretta tricolor

BIRDS:
Tricolored Heron

The tricolored is the only dark bodied heron with a white belly. Its breast is reddish while the rest of its body is a bluish gray. It can measure around 56 cm in length, have a wingspan of 96 cm and weigh up to 350 grams. As with other herons, both male and female work together to build the nest and raise their young. They are occasionally seen running in shallow waters, chasing their prey.

AVES:
Martinete Cabecipinto ó Payaso

Inconfundible por sus ojos rojos y cabeza blanca y negra, ésta es una de las garzas más distinguidas. Tiene una "corona" amarilla que se vuelve más evidente durante la temporada reproductiva. Los jóvenes son de color pardo/gris y carecen de distintivos. Es igual de activa de día que de noche, y llega a medir unos 60 cm. Se alimenta principalmente de **crustáceos**, pero también de peces, ranas, serpientes, insectos y hasta de pequeños mamíferos. Al igual que la Cucharona, tiende a ser más solitaria que las demás garzas.

David Nuñez

Martinete Cabecipinto
Yellow-crowned Night Heron
Nyctanassa violacea

BIRDS:
Yellow-crowned Night Heron

Unmistakable because of its red eyes and black & white face, this is one of the more attractive herons. The "yellow crown" which gives it its name is more evident during mating season. Juveniles lack any distinctive markings and are grayish/brown all over. This bird is as active at night as it is in the day, and can reach heights of about 60 cm. It feeds primarily on **crustaceans**, but also on fish, frogs, snakes, insects, and even small mammals. Like the boatbill, it tends to be more solitary than other herons.

AVES:
Anhinga

Esta ave nada con el cuerpo sumergido, con tan solo su largo cuello y cabeza visibles sobre la superficie del agua, por lo que puede aparentar una serpiente nadando. Su nombre proviene del idioma de los indígenas Tupi de Brasil y significa "ave serpiente". Se sumerge nadando a profundidad para cazar peces, ranas, y hasta crías de cocodrilo. También se le ve asoleándose con las alas abiertas, como hacen los cormoranes. Pero a diferencia de éstos, tiene la cola larga, el pico recto y es un animal solitario. Únicamente las hembras tienen el pecho, cuello y cabeza de color más claro.

David Nuñez

Anhinga (Hembra)
Anhinga (Female)
Anhinga anhinga

BIRDS:
Anhinga

This bird swims with its body below the surface, with only its long neck and head visible above the water, which can make it appear like a swimming snake. Its name comes to us from the language of the Tupi natives of Brazil, and means "snake bird". It dives underwater to hunt fish, frogs and even baby crocodiles. It is often seen perched with wings extended, drying them out in the sun, as cormorants do. Unlike cormorants, it has a long tail, a straight beak and is a solitary animal. Only females have the lighter colored breast, neck and head.

AVES:
Espátula Rosada ó Chocolatera

De color similar a los flamencos (y por el mismo motivo), a veces es confundida con éstos. Sin embargo es mas pequeña y su pico es mas largo y aplanado. La Espátula debe su nombre a este distintivo pico. Llega a medir 80 cm de altura y su cabeza carece de plumas. También tienen el nombre científico más divertido de este tomo: *Ajai ajaja.*

Sus colores se vuelven más vivos durante la temporada de anidación, y los machos impresionan a las hembras reuniendo materiales con los que la hembra construye el nido. Las Espátulas anidan en los árboles y ponen entre 2 y 5 huevos a la vez. Machos y hembras comparten la responsabilidad de incubar los huevos y cuidar a las crías. Llegan a vivir entre 15 y 20 años.

Son muy sociales y comparte zonas de anidación y alimentación con ibises, cigüeñas, garzas, pelícanos y cormoranes. Se alimentan revolviendo el agua con su pico abierto y cerrándolo rápidamente al sentir su presa.

BIRDS:
Roseate Spoonbill

Similarly colored as the flamingo, and for the same reasons, these are sometimes confused with flamingos. However, they are shorter and have a longer, flatter bill. They owe their name to this distinctive beak. Spoonbills can measure up to 80 cm in height, and their head lacks feathers. They also have the most amusing scientific name in this book: *Ajai ajaja.*

Their colors become brighter at mating season, and males will impress females by gathering nesting materials which the female then assembles. Unlike Flamingos, Spoonbills nest in trees, usually mangroves, and lay several eggs (2-5) at once. Both males and females incubate the eggs and care for their young. They have a lifespan between 15-20 years.

They are very social birds, and often share nesting and feeding grounds with ibises, storks, herons, egrets, pelicans and cormorants. Spoonbills feed by stirring the water with their bill slightly open, and snapping shut whenever they feel prey.

David Nuñez

Espátula Rosada
Roseate Spoonbill
Ajaia ajaja

AVES:
Fragata Magnífica

Las Fragatas son barcos de guerra, y a estas aves se les dió este nombre por su costumbre de atacar a otras aves para robarles el alimento. Incluso llegan al extremo de agarrar a otras aves por la cola y sacudirlas hasta que vomiten su alimento. Hay cinco especies distintas a nivel mundial, y la Magnífica es la que encontramos en el Caribe.

Las Fragatas pueden permanecer en vuelo más de una semana, pero son incapaces de despegar de una superficie plana. Necesitan aventarse al vacio para despegar, por lo que nunca se les encuentra en el agua. Más bien agarran su presa desde la superficie sin parar de volar, y normalmente comen en vuelo.

Los machos tienen una bolsa roja en el cuello que se infla durante la temporada reproductiva. Las hembras tienen el pecho blanco, mientras que los jóvenes tienen la cabeza blanca. La Fragata Magnífica llega a medir hasta dos metros entre punta y punta de las alas. Ponen un solo huevo por temporada de anidación, y cuidan a la cría durante un año; más que cualquier otra ave.

BIRDS:
Magnificent Frigatebird

Frigates are war ships, and Frigatebirds (also known as pirate birds) get their name from their habit of attacking other birds to steal their food, even going to the extreme of grabbing smaller birds by the tail and shaking them until they regurgitate a meal. There are five species worldwide, and the Magnificent is the species found in the Caribbean.

Frigate birds can remain in flight for over a week at a time, but cannot take off from a flat surface. To fly they must plunge off a cliff or limb, and so they are never found in the water. Instead they snatch their prey from the ocean surface while in flight, and usually feed in flight as well.

Males have a red throat sac which inflates during mating season; females have a white breast, and juveniles have a white head. Magnificent Frigatebirds can reach wingspans of over 2 meters. They lay a single egg per nesting season, and care for their young for up to a year-longer than any other bird.

Fragatas Magníficas (Hembra y Macho)
Magnificent Frigatebirds (Female & Male)
Fregata magnificens

Fragatas Magníficas (Hembras)
Magnificent Frigatebirds (Females)
Fregata magnificens

AVES: CORMORANES

Esta es una de las familias de aves más antiguas, que data de los tiempos de los dinosaurios. Existen más de 40 especies en esta familia cuyo nombre científico inexplicablemente significa "cuervo calvo" en Griego. El nombre común, Cormoran, es un poco más acertado ya que proviene del Latín "corvus marinus", es decir "cuervo marino". Aunque no son cuervos, es fácil ver como obtuvieron ese nombre por su color oscuro.

En vuelo, quizá sean las aves acuáticas menos gráciles, y se les distingue fácilmente por un vuelo de aleteo frenético justo sobre la superficie, mientras otras aves planean sin esfuerzo a grandes alturas. Sin embargo, son excelentes nadadores que utilizan sus patas para moverse bajo el agua. Algunas especies pueden llegar a profundidades de hasta 45 metros.

Son aves sociales que anidan en colonias, y frecuentemente se les ve asoleándose con las alas abiertas, para secar sus plumas, ya que (al igual que en las Anhingas) éstas carecen de los aceites impearmeabilizantes que tienen otras aves acuáticas.

David Nuñez

Cormoran Neotropical (note margen blanco al pico)
Neotropic Cormorant (notice white border to beak)
Phalacrocorax brasilianus

Cormoranes Bicrestudos
Bicrested Cormorants
Phalacrocorax auritus

BIRDS: CORMORANTS

This is one of the more ancient bird Families, dating back to the time of the dinosaurs. There are over 40 species in this family, whose name inexplicably translates from the Greek as "bald raven". The common name Cormorant makes more sense, as it is derived from the Latin "corvus marinus", meaning "sea raven". Though they are not actually related to ravens, it is easy to see how they got the name from their usually dark coloring.

In flight they are probably the least graceful of sea birds, and are often seem flapping frantically just above the sea surface rather than soaring high above it. They are however, excellent swimmers, and propel themselves with their feet underwater. Some species have been found at depths up to 45 meters!

These are social birds that nest in colonies, and are often seen sunning themselves with wings outstretched to dry their feathers which (like those of the Anhinga) lack the waterproofing oils that other seabirds have.

AVES:
Pelícano Pardo

Pocas aves marinas nos entretienen tanto como ésta que es igual de torpe que gracil. Existen siete especies de Pelicano a nivel mundial, y el Pardo es la más pequeña, aunque sigue siendo un ave grande. Llega a medir hasta 2.5 m entre punta y punta de sus alas y a pesar hasta 5.5 kg. Su distintivo es una gran bolsa bajo el pico. Son aves sociales que anidan juntas y comúnmente vuelan en formación de V.

Captura su alimento desplomándose desde alturas de hasta 20 metros y estrellándose contra el agua para recoger su presa en su bolsa. Para protegerse del impacto de sus clavados, el Pelícano Pardo tiene unas bolsas de aire bajo la piel que absorben el golpe. Éste es el único pelicano que pesca de esta manera.

A lo largo del Caribe Mexicano anidan entre manglares, aunque en otros lados prefieren acantilados. Macho y hembra comparten la responsabilidad de incubar los huevos y proteger a sus crías. Estas tienen la cabeza obscura, mientras que los adultos tienen la cabeza blanca. Llegan a vivir hasta 25 años en libertad, y hasta 50 en cautiverio.

David Nuñez

Pelícano Pardo (Inmaduro)
Brown Pelican (Immature)
Pelecanus occidentalis

David Nuñez

Pelicano Pardo (Adulto)
Brown Pelican (Adult)
Pelecanus occidentalis

BIRDS:
Brown Pelican

By turns as awkward as it is graceful, few sea birds are as fascinating to watch as the Brown Pelican. There are seven species of Pelican worldwide, and the Brown is the smallest, though by any other measure it is still a rather large bird. Its wingspan can reach up to 2.5 m, and they can weigh up to 5.5 kg. Their most distinguishing feature is the large pouch beneath the beak. These are social birds that nest together and are often seen flying in V-formations.

They catch fish by crash-diving into the water from heights of up to 20 meters, scooping up fish in their pouches. To protect them from the impact of constantly slamming into the water, Brown Pelicans have special air pockets beneath the skin that act as shock absorbers. The Brown is the only pelican to dive for its prey.

Along this coast, they nest primarily among mangroves, though in other locations they may prefer rocky cliffs. Both males and females incubate their eggs, and feed their young. Juveniles have a dark head, while adults have a white head. Their lifespan is around 25 years in the wild, and upwards of 50 years in captivity.

AVES:
Pelícano Blanco Americano

Curiosamente el nombre científico de esta ave no se refiere a su plumaje blanco, sino que significa "pelicano de nariz roja", por el bulto que aparece sobre su pico durante la temporada reproductiva. Aunque no es tan común como el Pardo, el Blanco es un bello e inconfundible animal.

Llega a vivir 15 años en libertad y hasta 30 en cautiverio. A diferencia del Pardo, no realiza clavados para pescar. En cambio, se alimenta mientras nada en aguas someras, cooperando con otros Blancos para dirigir a los peces con su aleteo.

David Nuñez

Pelícano Blanco Americano
American White Pelican
Pelecanus erythrorhynchos

BIRDS:
American White Pelican

Strangely, the scientific name of this bird does not refer to its white plumage, but rather means "red nosed pelican", due to the bulge that forms on its beak during the nesting season. Although not as common as the Brown, it is a beautiful and unmistakable bird.

It can live up to 15 years in the wild, and up to 30 in captivity. Unlike the Brown, it does not crash dive to feed. Instead it feeds while swimming in shallow waters, cooperating with other White Pelicans to herd fish by flapping their wings.

AVES:
Golondrina Marina

Los machos de ésta especie costera hacen ofrendas de pescados a las hembras para comenzar el cortejo, y ambos construyen un nido sobre terreno rocoso. Se alimentan principalmente de pescados, y ocasionalmente de calamares, que capturan dejándose caer de alturas de 10 a 15 metros sobre el mar. A veces se les ve robando alimento de la boca abierta del Pelicano Pardo. Cuando no están volando, frecuentemente se les ve descansando sobre la playa o en piedras que emergen del mar.

David Nuñez

Golondrina Marina
Royal Tern
Thalasseus maximus

BIRDS:
Royal Tern

Males of this coastal bird offer fish to females to begin courtship, and both build the nest, usually on rocky ground. They feed primarily on fish, though squid is also an option, which they catch by plunging into the ocean from 10-15 meters above. Royal Terns are also occasionally seen stealing fish out of the Brown Pelican's mouth. When not in flight, they are often found resting on the beach, or on rocks that emerge from the sea.

AVES:
Aguila Pescadora

A pesar de ser incapaz de nadar, el Águila Pescadora se alimenta exclusivamente de pescados. Los detecta volando entre 10-40 metros sobre el agua, luego cae en picada, sumergiéndose hasta un metro para agarrar a su presa. Pueden ahogarse cuando presas demasiado grandes los arrastran más abajo.

A diferencia de otras aves de rapiña, tienen cuatro dedos del mismo tamaño. Los de afuera pueden rotar hacia atrás, permitiéndole agarrar a su presa con dos dedos por delante y dos por detrás. Esta es una sola especie de distribución mundial, que habita en todos los continentes excepto la Antártida.

Las Águilas Pescadoras forman parejas de por vida, y construyen enormes nidos sobre árboles muertos, acantilados y postes de luz o teléfono, los cuales renuevan año con año. Alcanzan la madurez a los 3 años y llegan a vivir entre 20 y 25 años.

Las poblaciones de Águilas Pescadoras se desplomaron en la década de los 1970s, junto con la de muchas otras aves de rapiña, debido a los efectos tóxicos del pesticida DDT, pero aparentemente se han recuperado.

David Nuñez

Aguila Pescadora
Osprey
Pandion haliaetus

David Nuñez

Aguila Pescadora
Osprey
Pandion haliaetus

BIRDS:
Osprey

Though it cannot swim, the Osprey feeds almost exclusively on fish. It spots prey while flying 10-40 meters above the water, then plunges, diving up to 1 meter to catch its prey. They have been known to drown after being dragged underwater by larger fish.

Unlike other raptors, they have four toes of equal length. The outer toes can swing back allowing it to grab its prey with 2 toes in front and two in back. This is a single species of worldwide distribution, found on all continents except Antarctica.

Also known as Sea Hawks, Ospreys mate for life, and build large nests on tops of dead trees, cliffs and utility poles, which they renovate year after year. They reach maturity around 3 years, and have lifespan of 20-25 years.

Osprey populations crashed in the 1970s, along with those of many other raptor species, due to DDT poisoning, but they appear to have recovered.

AVES:
Flamenco Americano

Existen cuatro especies (y varias subespecies) de flamenco, pero el Americano es por mucho el más colorido. Deben sus llamativos tonos rosados y rojos a su dieta, que consiste en gran parte de camarones y otros **crustáceos**. Sin los pigmentos de este alimento, las plumas palidecen. Los más jóvenes que aún no han consumido suficiente pigmento rojo son mucho más pálidos que los adultos.

Aunque llegan a medir 1.45 metros, pesan tan solo entre 2 y 3 kg. Los flamencos construyen nidos de lodo de unos 30 cm de altura sobre el suelo, y ponen un solo huevo a la vez. Ambos, machos y hembras, incuban el huevo y cuidan a su cría. Llegan a vivir entre 40 y 50 años en libertad, pero solo la mitad de eso en cautiverio. Son animales muy sociales, y sus parvadas pueden incluir cientos de miles de individuos.

Por el placer que nos causa observar a estas aves de colorido espectacular, los flamencos son un éxito ecoturístico. Con turistas que pagan bien por verlos, hay fuertes incentivos para la conservación de su hábitat, lo cual a su vez beneficia a muchas otras especies. Aunque se les ve ocasionalmente en la costa Caribeña, las dos colonias más grandes del país se encuentran en Ría Lagartos y Ría Celestún, sobre la costa del Golfo de México del estado vecino de Yucatán. **En México a ésta especie se le considera** *Amenazada.*

David Nuñez

Flamenco Americano
American Flamingo
Phoenicopterus ruber

Flamenco Americano
American Flamingo
Phoenicopterus ruber

BIRDS:
American Flamingo

The world has four different species (and several subspecies) of Flamingo, but the American is by far the most colorful. They owe their bright pink & red coloring to their diet, which consists largely of shrimp and other crustaceans. Without these pigments in their food, flamingo feathers fade. Younger flamingos that have not yet eaten enough red pigment are much paler than adults.

Though they can reach heights of up to 1.45 meters, they weigh only between 2-3 kg. Flamingos build nests out of mud that rise about 30 cm above the ground; and lay a single egg at a time. Both males and females incubate the egg and care for their young. They have a lifespan of 40-50 years in the wild, but only half that much in captivity. They are very social animals and flocks can include hundreds of thousands of individuals.

Spectacularly colored and fun to watch, Flamingos are an eco-tourism success story. With tourists paying well to see these creatures, there is a strong incentive for the conservation of their habitat, which in turn benefits many other species as well. Though flamingos are occasionally seen along the Caribbean coast, the two largest colonies in the country are on the Gulf of Mexico coast, at Ria Lagartos and Ria Celestun, both in the neighboring state of Yucatan. **This species is considered *Threatened* in Mexico.**

AVES:
Tucán Pico Iris o Tucán Pico Multicolor

Existen cerca de 40 especies distintas de tucanes, todas nativas a los trópicos Americanos. Su enorme pico puede medir hasta un tercio de la longitud de su cuerpo. Se alimentan principalmente de fruta, pero también de insectos, lagartijas, ranas y huevos de otras aves. Forman grupos de hasta 12 individuos a los que se les puede ver saltando de rama en rama . No se sabe con certeza cuanto viven en estado silvestre, pero en cautiverio pueden llegar a los 25 años.

David Nuñez

Tucán Pico Iris
Keel billed toucan
Ramphastos sulfuratus

BIRDS:
Keel-billed Toucan

There are about 40 different toucan species, all native to the American tropics. Their enormous bill can measure about a third of its body length. This bird feeds primarily on fruit, but also on insects, lizards, tree frogs, and eggs of other birds. They live in groups of up to 12 individuals, which are often seen hopping from branch to branch. While their lifespan in the wild is uncertain, they can live for up to 25 year in captivity.

AVES:
Guajolote Ocelado o Pavo de Monte

Existen tan solo dos especies de guajolote en el mundo, ambas nativas a Norteamérica. El Ocelado se encuentra únicamente en la Península de Yucatán y en partes de los estados vecinos de Tabasco y Chiapas. Es huraño y puede ser dificil encontrarlo, pero es inconfundible por su cara azul y plumas coloridas. Pasa la mayor parte del día buscando alimento en el suelo, pero pernocta en la copa de árboles. **Es considerado una especie *Casi Amenazada*** debido a su caza y la pérdida de su hábitat.

Guajolote Ocelado
Ocellated Turkey
Meleagris ocellata

BIRDS:
Ocellated Turkey

There are only two species of turkey in the world, both native to North America. The Ocellated is found only in the Yucatan Peninsula and in parts of the neighboring states of Tabasco and Chiapas. Though shy and hard to spot, its blue face and colorful feathers make it unmistakable. It spends most of the day feeding on the ground, but spends nights high up in the trees. **It is a *Near Threatened* species** due to the twin pressures of hunting and loss of habitat.

AVES:
Chara Yucateca

Este atractivo pájaro tiene un cuerpo negro y alas y cola de color azul. Se le encuentra únicamente en las selvas de la Península de Yucatán, donde se alimenta de una variedad de insectos, frutos y semillas. Anida en pequeños grupos que pueden ser muy ruidosos al defender su territorio.

David Nuñez

Chara Yucateca
Yucatan Jay
Cyanocorax yucatanicus

BIRDS:
Yucatan Jay

This attractive bird has a black body and bright blue wings and tail. It is found only in jungles of the Yucatan Peninsula, where it feeds on a variety of insects, fruits and seeds. They nest in small groups that can be very noisy when defending their territory.

AVES: MOMOTOS

Existen por lo menos 9 especies de Momotos, todas nativas a los trópicos Americanos. Su mayor distintivo son dos plumas muy largas en la cola, con forma de raqueta, que mueven de lado a lado a modo de péndulo, para avisar a depredadores que ya han sido detectados. Por este comportamiento también se les conoce como "pájaro reloj". En la zona encontramos a las variedades Cejiturquesa y Coroniazul, ambas muy coloridas y frecuentemente vistas al borde de la selva, sobre caminos y cerca de cenotes. Se alimentan de insectos, arañas, gusanos y lagartijas.

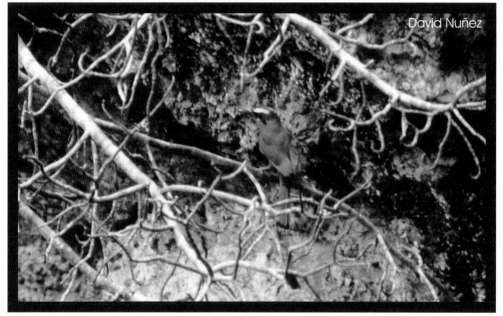

Momoto Cejiturquesa
Turquoise-Browed Motmot
Eumomota superciliosa

BIRDS: MOTMOTS

There are at least 9 different species of Motmot, all of which are found in the American tropics. Their most distinguishing feature are two extra long raquet-shaped tail feathers which are swung side to side like a pendulum to let potential predators know they´ve been spotted. This behaviour has earned them the name of "clock bird". Locally we can find the Turquoise Browed and the Blue Crowned, both are very colorful and are often found along forest edges, roads and near cenotes. They feed on insects, spiders, worms & lizards.

AVES:
Chacalaca Común

Existen más de diez especies de Chachalaca, todas nativas de Norte y Centroamérica. La Chachalaca Común se encuentra desde Texas al norte hasta Costa Rica al sur. En tamaño aproxima a una gallina flaca, aunque con cola más larga. Anida en árboles pero pasa el día en el suelo, buscando frutos, semillas e insectos. Es una especie tímida que igual puede correr de intrusos como volar. Puede ser muy ruidosa, particularmente alrededor del amanecer y atardecer.

David Nuñez

Chachalaca Común
Plain Chachalaca
Ortalis vetula

BIRDS:
Plain Chachalaca

There are over ten species of Chachalaca, all native to North and Central America. The Plain Chachalaca is found from Texas in the north, to Costa Rica in the south. In size it resembles a skinny chicken, though with a longer tail. It nests in trees, but spends its days on the ground seeking out seeds, fruits and insects. It is a shy species that is just as likely to run as fly from intruders. It can be very loud, particularly around sunrise and sunset.

AVES:
Candelero Americano

Esta elegante ave de negro y blanco con piernas muy largas habita en humedales, donde se alimenta de insectos y larvas de peces. Anida en el suelo y puede ser muy ruidosa al defender su territorio.

David Nuñez

Candelero Americano
Black necked stilt
Himantopus mexicanus

BIRDS:
Black Necked Stilt.

This elegant black and white bird with very long legs is often found in wetlands, where it feeds on insects and fish larvae. It nests on the ground and can be very loud when defending its territory.

PLANTAS

Con más de 22,000 especies, México es el cuarto país con más plantas. Y aunque su observación no es tan divertida como la de los animales, no podemos ignorar su importancia. Tan solo las algas (que técnicamente ni siquiera son plantas, pero si hacen la fotosíntesis) producen la mitad del oxígeno del planeta, lo cual nos permite respirar.

La vegetación es el fundamento de cualquier ecosistema, y sin los alimentos y cobijo que nos brindan las plantas, los animales (incluidos los humanos) no podrían existir. De hecho, la tala de selvas y manglares es una amenaza significativa a la supervivencia de muchos animales. Y la remoción de vegetación costera es una de las causas principales de la erosión de playas.

David Nuñez

Ecosistema de Pastos Marinos
Seagrass Ecosystem

PLANTS

With over 22,000 different species, Mexico is the fourth country with the most plants. And though they are not nearly as much fun to watch as animals, we cannot fail to mention their importance. Algae alone (which technically aren't even plants, but do photosynthesize) produce about half the world's oxygen, which allows us to breathe.

Vegetation is the foundation of all ecosystems, and without the food and shelter they provide, animals (including humans) could not exist. In fact the clearing of jungle and mangrove habitat for development is a major threat to the long-term survival of many animal species. And removal of coastal vegetation is a major cause of beach erosion.

PLANTAS: PASTOS MARINOS

Los pastos marinos se ubican entre los manglares y los arrecifes coralinos, y son un importante hábitat intermediario que ayuda a mantener las aguas cristalinas, brinda refugio a larvas y jóvenes de muchas especies marinas, y alimenta a algunas de las criaturas más notables del Caribe Mexicano, como son las Tortugas Marinas y los Manatíes.

Existen unas 60 especies distintas de pastos marinos que encontramos en bahías y lagunas someras de fondo arenoso. Sus raíces amarran el fondo marino, y sus hojas frenan el agua. Esto ayuda a mantener las condiciones transparentes tan necesarias para la salud de los arrecifes coralinos. A nivel mundial está disminuyendo la cobertura de pastos marinos, amenazados por la contaminación que enturbia las aguas e impide que la luz solar penetre hasta el fondo, lo cual limita las profundidades a las cuales pueden crecer los pastos. Esta contaminación además favorece el crecimiento de algas a expensas de los pastos, y las algas flotantes bloquéan aún más luz solar. La sobrepesca complica la situacion al eliminar a especies que se alimentan de las algas.

PLANTS: SEAGRASS

Found between mangroves and coral reefs, seagrass is an important intermediary habitat that helps keep water clear, provides shelter to larvae and juveniles of many sea creatures, and feeds some of the Mexican Caribbean's most notable animals, including Green Sea Turtles & Manatees.

There are roughly 60 different species of seagrass , found in shallow bays and lagoons with silty or muddy bottoms. Their roots stabilize the seabed, and leaves slow down the water. This helps maintain the clear conditions so necessary for coral reef health. Seagrass coverage is declining worldwide, threatened by pollution which decreases water clarity, reducing the sunlight that reaches the ocean floor, and thus limiting the depths at which seagrass can grow. This pollution also favors the growth of algae at the expense of seagrass; and free-floating algae further block sunlight. Overfishing can compound the problem by removing species that feed on algae.

PLANTAS: SARGASO

Estas algas frondosas de color entre dorado y pardo flotan libremente en la superficie del mar y dan su nombre al Mar de Sargaso en el Atlántico Norte. Estas algas deben su nombre a la palabra Portuguesa "sarga", que es un tipo de uva, por las bolsas de aire en forma de uva que las mantienen a flote. El Sargaso es hábitat para muchas criaturas, entre éstas gusanos, cangrejos, camarones y pequeños peces. Además, el Mar de Sargaso es un hábitat importante en el desarrollo de las tortugas marinas y las anguilas. Aunque a las playas se les limpia de Sargaso muerto, esta práctica es dañina para la playa. Dejar las algas en su lugar ayuda a prevenir la erosión. Incluso las algas pueden utilizarse en la restauración de playas, amontonándolas frente a dunas existentes para facilitar la creación de dunas nuevas.

David Nuñez

PLANTS: SARGASSUM

These leafy, golden-brown algae float on the ocean surface and give their name to the Sargasso Sea in the North Atlantic. The algae themselves are named after the Portuguese word "sarga", which is a kind of grape, in reference to the gas-filled "berries" that keep them afloat. These algae provide habitat for numerous creatures, including worms, crabs, shrimp, and small fish. In addition the Sargasso Sea plays an important role in the life cycle of sea turtles and eels. Though beaches are often cleaned of dead Sargassum, this practice is actually harmful to the beach. Leaving seaweeds in place can help prevent beach erosion. Seaweed can even be used in beach restoration by piling it in front of existing sand dunes to help create new ones.

PLANTAS: MANGLES

Los mangles son árboles y arbustos costeros que crecen en agua salobre y se distinguen por sus complejas raíces claramente visibles. Su espeso follaje es cobijo ideal para gran variedad de aves, lagartijas, serpientes, y pequeños mamíferos. Entre sus raíces subacuáticas se refugian las crías de hasta un 75% de los peces de valor comercial, como meros y pargos, así como de camarones, langostas, caracoles y muchas otras especies.

Esta compleja enredadera de raíces filtra el agua antes de que llegue al mar, ayudando a mantener a las aguas cristalinas y al arrecife en salud. Los manglares también protejen a la costa de la erosión causada por marejadas. A pesar de su importancia ecológica los manglares son de los hábitats más amenazados del planeta, y rutinariamente se talan para construir desarrollos turísticos.

Recomendamos un tour en kayak entre los canales de algún manglar, pero asegúrese de contratar a un guía, ya que es facil perderse en estos laberintos naturales.

Existen decenas de especies de mangle, pero comúnmente hablamos de especies Rojas, Negras y Blancas.

Mangle Rojo (Familia: Rhizophoraceae)
Estos son los mangles más grandes, y los que encontramos más cercanos al agua. Sus hojas son de verde oscuro por arriba, y de un tono más pálido por abajo, y llegan a medir 12 cm de longitud. Aunque la corteza es gris, debajo de ésta la madera es roja. Tienen raíces en forma de arcos.

Mangle Negro (Familia: Acanthacea ó Avicenniaceae)
Más pequeños que los Rojos, los Negros deben su nombre a su corteza . Las hojas tambien son un poco más pequeñas, llegando a medir unos 10 cm de largo, con la parte inferior cubierta de peluza y frecuentemente incrustada de sal. Los Mangles Negros tienen raíces de "esnorquel" que salen en vertical del suelo ó del agua.

Mangle Blanco (Familia: Combretacea)
Los Mangles Blancos son menos tolerantes de la sal, por lo que se encuentran más tierra adentro que los Rojos y Negros. Sus hojas llegan a medir 7 cm en longitud, son de color verde claro de ambos lados, con una muesca en la punta, y dos glándulas justo debajo de la base de cada hoja.

Mangle Rojo (raices de arco)
Red Mangrove (arching roots)

Mangle Negro (raices de esnorquel)
Black Mangrove (snorkel roots)

PLANTS: MANGROVES

Mangroves are coastal trees and shrubs that grow in brackish water and are recognizable by complex root systems that are clearly visible. Their thick foliage provides ideal cover for a great variety of birds, lizards, snakes, and small mammals. Under water the dense tangle of mangrove roots provides shelter for the young of up to 75% of commercially valuable fish species, such as groupers and snappers, as well as for shrimp, lobster, conch and many other species.

This complex root system filters water before it reaches the sea helping keep the water clear and the reef healthy.   Mangrove forests also protect the coast from storm surges, preventing coastal erosion. Despite their ecological importance to the reef, to fisheries, and to the coast itself, mangroves are among the most threatened habitats in the world, and are routinely clear-cut to make way for development.

We highly recommend a kayak tour through mangrove lined canals, but be sure to hire a guide- it is easy to get lost in these natural labyrinths.

There are dozens of species of Mangrove, but we generally speak of Red, Black & White species.

Red Mangrove (Family Rhizophoraceae)
These are the largest mangroves, and the ones often found closest to water. Their leaves are dark green above, pale green below and are about 12 cm long. Though the bark is gray, the wood beneath it is red colored. They have arching roots.

Black Mangrove (Family Acanthacea or Avicenniaceae)
Somewhat smaller than the Reds, the Black Mangroves are named for their dark bark. Leaves are also somewhat smaller at about 10cm in length, with a fuzzy underside that is often covered in salt. Black mangroves have "snorkel" roots that shoot straight-up out of the ground or water.

White Mangrove (Family Combretacea)
White mangroves are less tolerant of salt, and are found further inland than Reds and Blacks. Their leaves are about 7 cm in length, uniformly colored in pale green, with a notch at the tip, and two bumpy glands at the base of each leaf.

PLANTAS:
Uva de Mar

Este árbol playero puede llegar a medir hasta 8 metros de altura. Lamentablemente rara vez se ven de este tamaño debido a que se les poda regularmente. Crea excelente sombra y rompe muy bien el viento, pero tristemente se le tala frecuentemente – junto con todo lo demás- cuando se construye en la playa. Quizá si los propietarios supieran que estabilizan la playa, previenen la erosión y atraen aves, serian más cautos con esta especie. Tiene grandes hojas amplias y da frutos que parecen uvas.

David Nuñez

Uva de Mar
Sea Grape
Coccolaba uvifera

David Nuñez

PLANTS:
Sea Grape

This beach tree can get to be 8 meters tall, unfortunately most are much smaller due to regular pruning. They make excellent shade trees, and wind-breakers, but sadly they tend to be cleared from beaches- along with everything else- whenever construction occurs. Perhaps if owners were aware that it helps stabilize the beach, prevents erosion and attracts birds, they would be more careful. Sea grape trees have large broad leaves and a grape-like fruit.

PLANTAS:
Palma Chit

Esta palma es nativa a la Península de Yucatán y la Florida, y tradicionalmente se utilizó para construir palapas. Sin embargo, actualmente está protegida debido a su lento desarrollo y hábitat relativamente limitado. Aunque localmente pueda parecer abundante, se le considera amenazado porque se le encuentra principalmente en la franja costera donde el desarrollo inmobiliario es más expansivo. La Palma Chit tiene hojas en forma de abanico que alcanzan el metro en diámetro, da frutos blancos y llega a medir 7 m de altura. **En México se le considera *Amenazada.***

David Nuñez

Palma Chit
Chit Palm
Thrinax radiata

PLANTS:
Chit Palm

Native to Florida and the Yucatan Peninsula, it is also known as the Florida Thatch Palm, and was traditionally used for thatch roofs. It is currently protected in Mexico due to its slow growth rate and relatively restricted habitat. Though it may seem locally abundant, it is threatened because it is found primarily on the coastal strip where development is most expansive. Chit Palms have fan shaped leaves that can reach 1 m in diameter, gives white fruit, and can reach 7 meters in height. **In Mexico this species is considered *Threatened.***

PLANTAS: CEIBAS

Existen más de 20 especies de Ceiba y les distingue un tronco recto que carece de ramas excepto en las alturas, donde se extiende en una copa impresionante. Si ve un árbol con espinas en el tronco, probablemente sea una Ceiba. Muchas culturas indígenas los consideran sagrados. Para los Mayas, la Ceiba simbolizaba el universo tripartita en que el tronco representaba nuestro mundo físico, la copa simbolizaba los cielos, y las raíces el inframundo.

Greg Brown

PLANTS: CEIBAS

There are over 20 species of Ceiba. They characteristically have a straight trunk that is unbranched except at the top, where it extends an impressive canopy. If you see a tree with thorns on its trunk, chances are it is a Ceiba. These trees where considered sacred by many Native American cultures. For the Maya the tree represented a three-fold universe in which the trunk reflected the physical world we live in, the branches symbolized heaven, while the roots represented the underworld.

PLANTAS:
Chicozapote

Si nota un árbol con cicatrices de machetazos, probablemente sea un Chicozapote o Árbol del Chicle. La resina de este árbol fue la primera goma de mascar, aunque hoy en día la mayoría son sintéticas. La resina es recolectada tan solo de árboles maduros, mayores a 20 años, y tan solo una vez cada dos años. Ésta se hierve y filtra para producir la goma. Antaño esta fue una de las industrias de mayor importancia de Quintana Roo, pero con las gomas artificiales colapsaron estas empresas. Este árbol también da un fruto delicioso.

David Nuñez

Tronco de Chicozapote (nótese las cicatrices de machetazos)
Sapodilla (notice machete scars)
Manilkara zapota

PLANTS:
Sapodilla

If you spot a tree with machete scars in a regular pattern, its probably a Sapodilla Tree. The sap of this tree is the original chewing gum, though nowadays most chewing gum is synthetically processed. The sap is collected only from mature trees over 20 years old, and each tree is tapped only once every couple of years. The resin is boiled and filtered to produce gum. This was once one of the most important industries in Quintana Roo, but it collapsed once artificial gums were developed. This tree also gives a delicious fruit.

GLOSARIO

Amenazada: Véase el Apéndice en la página 197.

Bioindicador: Especie cuya población se considera un reflejo de la salud general del ecosistema.

Cardúmen: Agrupación de peces.

Carroña: Animales muertos.

Crustáceo: Camarones, Langostas, Langostinos y similares.

En Peligro de Extinción: Véase el Apéndice en la página 197.

En Peligro Crítico de Extinción: Véase el Apéndice en la p. 197.

Fitoplancton: La parte vegetal del plancton.

Herbívoro: Animal que se alimenta exclusivamente de plantas.

Invertebrado: Animal sin columna vertebral. Los que no son ni pez, ni anfibio, ni reptil, ni ave, ni mamífero. Por ejemplo: caracoles, pulpos, insectos, medusas, gusanos, etc.

Krill: Crustáceos pequeños que forman parte del plancton.

Larva: La forma recién nacida de un animal que atraviesa varias etapas antes de llegar a la madurez.

Molusco: Ostiones, Almejas, Callos y similares.

Ornitólogo: Experto en Aves.

Pesquería: La población de peces de alguna especie; ó bien la industria dedicada al aprovechamiento de la misma.

Plancton: Conjunto de seres vivos (normalmente diminutos) que flotan a la deriva en el mar.

Salobre: Combinación de agua salada y dulce.

Sargaso: Alga frondosa que flota a la deriva en la superficie del mar. Véase la página 187.

Sujeta a Protección Especial: Véase el Apéndice en la página 197.

Vertebrado: Animales con espina dorsal (columna vertebral): peces, anfibios, reptiles, mamíferos y aves.

Vulnerable: Véase el Apéndice de la página 197.

Zooántidos: Parientes cercanos y muy parecidos de los corales, que no construyen un esqueleto duro.

Zooplancton: La parte animal del plancton.

GLOSSARY

Brackish: Mix of saltwater and freshwater.

Carrion: Dead animals.

Critically Endangered: See Appendix on page 198.

Crustacean: Shrimp, Lobster, Crawfish and the like.

Endangered: See Appendix on page 198.

Fishery: The population of certain fish; or the total commercial enterprises dedicated to their capture.

Herbivore: Animal that feeds exclusively on plants.

Indicator Species: A species whose population is considered to reflect the overall health of the ecosystem.

Invertebrate: Animals without a backbone. All those that are neither fish, nor reptile, nor amphibian, nor bird, nor mammal. For example, snails, octopus, insects, jellies, worms, etc.

Krill: Tiny planktonic crustaceans.

Larva(e): The newborn form of an animal that undergoes several stages before reaching maturity.

Mollusk: Clams, Oysters, Scallops and the like.

Ornithologist: Bird expert.

Phytoplankton: The plant part of plankton.

Plankton: All freefloating (and usually tiny) sea creatures.

Sargassum: A leafy floating algae that drifts on the ocean surface. See page 187.

School: A group of fish of the same species.

Shellfish: Sea creatures that are not actually fish and have a shell: shrimp, oysters, lobster, conch, clams, etc.

Subject to Special Protection: See the Appendix on page 198.

Threatened: See the Appendix on page 198.

Vertebrate: See the Appendix on page 198.

Vulnerable: See the Appendix on page 198.

Zooplankton: The animal component of plankton.

Zooanthids: Close relatives of corals that are very similar in appearance but do not build a hard skeleton.

Apéndice:
Categorías de Especies Protegidas

Aproximadamente una cuarta parte de los **vertebrados** de México se encuentran amenazados. Para determinar el estado de conservación de las especies mencionadas en este libro, primero consultamos las clasificaciones mundiales de la **IUCN**. Sin embargo, es posible que poblaciones estables a nivel mundial sufran en México, y nos topamos con algunos de estos ejemplos. Si se menciona la clasificación Mexicana de alguna especie, puede suponerse que a pesar de estar protegida nacionalmente, carece de esa consideración a nivel internacional según la **IUCN**.

CATEGORIAS DE LA IUCN

La Unión Internacional para la Conservación de la Naturaleza es la autoridad global sobre el estado de conservación de la vida silvestre. Los criterios con que se clasifican especies son complejos, pero en términos generales pueden ser resumidos de la siguiente manera:

Extinto: no queda ninguna duda razonable de que el último individuo existente ha muerto.

Extinto en Estado Silvestre: sobrevive en cautiverio pero los estudios no la han detectado en su hábitat original.

En Peligro Crítico: Una reducción de la población observada, estimada, inferida o sospechada del 80% en tres generaciones.

En Peligro: Una reducción de la población observada, estimada, inferida o sospechada del 50% en tres generaciones.

Vulnerable: Una reducción de la población observada, estimada, inferida o sospechada del 30% en tres generaciones.

Casi Amenazado: No califica para las categorias previas, pero es probable que en un futuro próximo si lo haga.

Preocupación Menor: Se ha evaluado, y no califica para ninguna de las categorías anteriores.

Datos Insuficientes: No hay datos suficientes para realizar una evaluación adecuada.

No Evaluado: Aún no se ha evaluado de acuerdo a los criterios de la IUCN.

Para mayores informes, visite: www.iucnredlist.org
(Continúa en la siguiente página.)

Appendix:
Protected Species Categories

Roughly one quarter of all **vertebrate** species in Mexico are threatened. The species mentioned in this book are only some of the most easily encountered in nature. In determining the conservation status of the creatures mentioned in this book, we first consulted with the **IUCN**, since this refers to their worldwide status. However, it is possible that populations which are stable worldwide may be declining in Mexico, and we ran across a few of these cases. If the description mentions the Mexican status, it can be assumed that despite being subject to protection in Mexico, it is not threatened worldwide or at least not considered so by the **IUCN**.

IUCN CATEGORIES

The International Union for the Conservation of Nature is the global authority on the conservation status of wildlife. The criteria with which species are classified are complex, but in general terms can be summarized in the following terms:

Extinct: there is no reasonable doubt that the last individual has died.
Extinct in the Wild: species survives only in captivity, but none have detected in studies of its natural range.
Critically Endangered: population has decreased, or will decrease, by 80% within three generations.
Endangered: population has decreased, or will decrease, by 50% within three generations.
Vulnerable: population has decreased, or will decrease, by 30% within three generations.
Near Threatened: Does not qualify for Vulnerable, Endangered or Critically Endangered, but is likely to in the near future.
Least Concern: Has been evaluated and does not qualify for any of the above categories.
Data Deficient: Not enough is known about its population to make an adequate assessment.
Not Evaluated: Has not been evaluated according to IUCN criteria

For further information, visit: www.iucnredlist.org

(Continued on the following page.)

Apéndice:
Categorías de Especies Protegidas

CATEGORIAS MEXICANAS

A nivel nacional, la Norma Oficial Mexicana NOM-ECOL-2001 es la que define tanto las categorías de riesgo como las especies protegidas. Las categorías están basadas en las de la **IUCN**, y son una versión simplificada de las mismas.

En Peligro de Extinción: Esta categoría es equivalente a las de En Peligro y En Peligro Critico de la **IUCN.**

Amenazada: Podrían llegar a estar En Peligro de Extinción si no mejoran condiciones actuales. Esta es aproximada a la Vulnerable de **IUCN.**

Sujeta a Protección Especial: Incluye aquellas especies para las que es necesario propiciar su recuperación y conservación para evitar que lleguen a estar Amenazadas.

Probablemente Extinto en el Medio Silvestre: Incluye aquellas especies que sobreviven en cautiverio, o fuera del país, pero que en el Territorio Nacional ya no existen de manera silvestre.

Appendix:
Protected Species Categories

MEXICAN CATEGORIES

In Mexico the conservation status categories and the species protected are defined and described in the Norma Oficial Mexicana NOM-ECOL-2001. These categories are based on the **IUCN** classification, and are a simplified version of the same.

Endangered: This category is equivalent to the Endangered and Critically Endangered categories of the IUCN.

Threatened: Includes species that could become Endangered if current conditions do not improve.

Subject to Special Protection: Includes species that require conservation measures to prevent them from becoming Threatened.

Probably Extinct in the Wild: Includes those species that survive in captivity, or outside of Mexico, but no longer exist in the wild in Mexico.

REFERENCIAS VIRTUALES
ONLINE REFERENCES

Agenda del Mar: www.agendadelmar.com

Animal Planet: www.animalplanet.com

National Aquarium: www.aqua.org

Arkive: www.arkive.org

BioDiversity Web: animaldiversity.ummz.umich.edu

The Cephalopod Page: www.thecephalopodpage.org

CONABIO: www.biodiversidad.gob.mx

Coralite: www.coralite.net

Damisela: www.damisela.org

Discover Life: www.discoverlife.org

Eco-Web: www.eco-web.com

Edge of Existence: www.edgeofexistence.org

Encyclopedia of Earth: www.eoearth.org

Encyclopedia of Life: www.eol.org

Florents Guide to Reefs: www.reefguide.org

Fishbase: www.fishbase.org

Gobierno del Estado de Yucatán: www.yucatan.gob.mx

Grupo Tortuguero: www.grupotortuguero.org

IUCN Red List: www.iucnredlist.org

Mexican Fauna: www.mexicanfauna.com

Mexiconservación: www.mexiconservacion.org

National Geographic: animals.nationalgeographic.com

Seafood Watch: www.seafoodwatch.org

Shedd Aquarium: www.sheddaquarium.org

UNAM-Laboratorio de Ecología: www.ecologia.unam.mx

University of Florida Museum of Natural History: www.flmnh.ufl.edu

Wikipedia: www.wikipedia.org

Wikispecies: species.wikimedia.org

Made in the USA
Lexington, KY
28 April 2013